ON NE VIT QU'UNE HEURE

David Dufresne

ON NE VIT QU'UNE HEURE

Une virée avec Jacques Brel

Récit

Le Seuil

ISBN 978-2-02-136450-7

www.seuil.com

Vesoul, Montréal, Gléresse
2017-2018

Pour Anita

I

C'était un soir de décembre où le froid avait décidé d'ajouter la pluie. Une vraie pluie, pas comme celle, impossible, de *Ne me quitte pas* (*Moi je t'offrirai / Des perles de pluie / Venues de pays / Où il ne pleut pas*) ; une pluie comme dans *Knokke-le-Zoute Tango*, comme sur les lilas que *Madeleine* n'est pas venue chercher, comme dans ce putain de *Plat Pays* (*et ses chemins de pluie pour unique « bonsoir »*), comme pour l'enterrement de *Fernand*, dans *Je ne sais pas* comme dans *Orly* :

Ils sont plus de deux mille
Et je ne vois qu'eux deux
La pluie les a soudés

Face à moi, un petit camion vert semblait se débattre de la noyade, sur la place. En regardant bien, il y était littéralement amarré. Des cales à ses roues assuraient qu'aucune tempête ne le sortirait de là.

La place Jacques-Brel, à Vesoul.

De vagues platanes tentaient de se jouer digues, l'état du bitume trahissait les années d'averses, ça sentait l'humidité et ça sentait le désenchantement, au pied des tours du Montmarin, le quartier chaud de la ville, du moins tel que Vesoul le chuchotait. Les voitures étaient garées un peu à la va-vite, deux panneaux de basket avaient lâché l'affaire, seuls deux Abribus relativement récents donnaient une touche de modernité au lieu. Arrêt Jacques-Brel, c'était écrit dessus.

Je m'approchai du camion, *Pizza depuis 1984, 18 h-21 h du mardi au dimanche*, clamait un panneau fait maison. D'instinct, j'aimais tout de ce vieux Peugeot, modèle J5 semi-rallongé. Un reste d'enfance, quand les premiers camions pizza avaient déboulé sur les plages à l'aube des années 1970, des heures passées là, avec mon petit cousin, plutôt que dans l'Atlantique.

J'aimais ses couches de peinture superposées, son vert, et son rose, et son rouge, l'empilement des boîtes en carton estampillées *bon appétit*, et l'autre panneau, *Pizza au feu de bois*, illuminé celui-ci, et plaqué contre la vitre côté conducteur. Tout m'enchantait, les parpaings en guise d'ancres sous les pneus, le gyrophare à l'arrière du toit qui racontait une autre vie du camtar, les spots garantis d'époque dans la figure, les noms des pizzas (la Bietry, la Comtoise, la Tof), et les fautes sur la devanture (« L'artisanat 1re entreprise de France… Merci de nous préservé », signé Chris).

Chris, c'était lui, le Tof de la pizza, en tenue immaculée, blanche, parfaite, 45 ans, paraissant quinze de moins. Christophe s'agitait, seul, dans son antre, face à son four brûlant, plein de force et de sourires. Il avait des faux airs de celui dont j'étais venu chercher la trace dans la France d'aujourd'hui : l'homme de ma vie et auteur de *Voir un ami pleurer*.

Il s'agissait moins d'un aller que d'un retour, un retour dans cette France que j'avais quittée sept ans auparavant pour *mon Amérique à moi*, le Canada. Revenir sur les lieux abandonnés, la France, et le faire pour de bon, sous l'*inaccessible étoile* Brel, celle de ses tournées interminables, petites salles pourries ou casinos pour nantis, la France des toiles cirées, des petits salons de coiffure, des pleutres et des courageux, des bourgeois et des *Jef*, la France de ces centres-villes qui se recroquevillent dès 6 heures du soir ; un voyage qui allait puiser dans le répertoire du passé pour traverser le présent, comme une chasse aux fantômes, un jeu de piste sans règles autres que les mélodies du Brailleur, à la recherche de ses obsessions.

Dans sa fougue, dans son énergie, dans sa manière de croire encore au milieu des décombres, Christophe rappelait Brel, chacun de ses gestes brûlait le présent, Christophe pétrissait la pâte comme Brel l'humain, son visage émacié renvoyait à celui de l'Autre ; la différence était que Christophe était autrement plus beau, ses yeux et ses cheveux d'Italien sans doute, bruns, souples et soyeux. La cuisine était sa scène, ses coups de balayette son micro, et Christophe qui tournait sur lui-même, et qui pivotait – un concert. Sous la pluie. Et devant lui, deux pékins, transis, ma *Mathilde*, venue me soutenir dans le froid et mes premiers repérages, et moi-même.

Christophe nous tendit son menu, et me conseilla *celle-là*, puisque j'étais *là*.

La Brel.

La pizza Brel.

La ville s'endormait
Et j'en oublie le nom
Sur le fleuve en amont
Un coin de ciel brûlait
La ville s'endormait
Et j'en oublie le nom

La ville s'endormait

Christophe avait commencé par lever la pâte, puis étalé la crème fraîche, puis le jambon, quelques lardons, trois tranchettes de chorizo, du gruyère, juste ce qu'il faut, et enfin, il cassa un œuf, au centre. La cuisson de la Brel dura quarante secondes, au grand maximum.

Un délice.

★

> « Mon horizon s'est toujours arrêté à cent ou deux cents mètres, parce qu'il y avait une usine, ou des charbonnages, ou des choses comme ça. Ce qui fait que j'ai une autre notion de paysage. Moi, mes paysages ce sont des vitres, c'est de la pluie. »

★

L'histoire de Christophe était celle d'un enfant du quartier, l'un et l'autre désœuvrés, lui comme le Montmarin, l'histoire d'un *self-made-man*, d'une trajectoire toute tracée qu'il avait lui-même fait bifurquer. En un sens, il y avait du Brel, aussi, dans son extraction sociale, même si leur point de départ était son exact inverse. Le chanteur était parti de la bonne bourgeoisie bruxelloise ; Christophe, du sous-monde de la banlieue. Les deux avaient répondu à la seule question qui vaille, magnifiée par Brel : *serait-il impossible de vivre debout ?*

Ils avaient fini par atteindre la liberté.

II

Nous vivions dans une ZUP de Poitiers, Les Couronneries, côté immeubles verts, ceux des riches, comme on disait ; juste moins pauvres que les orange. Selon les saisons, et les affaires (un beau-père ébéniste ; une mère brocanteuse), on déménageait. Le plus simple, c'était sur le même palier. On glissait meubles et cartons d'un appartement l'autre ; un coup chambre à part ; un coup chambre à deux avec ma sœur aînée. Brel n'était qu'un disque bleu sous la chaîne hi-fi des parents ; je découvrais le rock'n'roll, ma période Johnny, j'avais 10 ans, on allait au Rallye acheter des 33 tours qui coûtaient 9,90 F, des vinyles au graphisme torride. *Elle est terrible* était ma chanson préférée.

Dans notre chambre d'enfants, notre pick-up commun lâchait les 45 tours l'un après l'autre, comme par magie, la musique tombait du bras central de l'électrophone, comme du ciel, un disque de ma sœur, puis un disque à moi. Johnny contre Nicolas Peyrac ; chacun ses fauves, *Diabolo menthe* contre *Pour moi la vie va commencer*.

1978. Giscard, la crise, Coluche et le chômage de masse pour horizon définitif. Et en bas de l'immeuble : un buisson pour éviter l'école ; et des parkings pour jouer aux gendarmes et à Mesrine.

Brel, lui, ne bougeait pas encore. Il patientait au salon, comme *l'horloge qui dit « oui » qui dit « non »*. Il attendait. Il m'attendait avec son dernier album, *BREL*, écrit en gros, comme un faire-part. C'était avant sa disparition, son cancer, sa dernière effronterie avec laquelle on allait tous devoir vivre.

Mourir, cela n'est rien
Mourir, la belle affaire
Mais vieillir, ô vieillir

Je me souviens des larmes maternelles, à l'écoute du flash spécial.
Brel est mort.
Je sentais le pays pétrifié, pour la première fois de ma vie.

★

« Bonsoir. On l'a annoncé ce matin : la mort de Jacques Brel à l'hôpital franco-musulman de Bobigny près de Paris. Il était 4 h 10. Embolie pulmonaire. Mais, pardonnez-moi, je suis comme beaucoup de ceux qui l'ont aimé, je ne crois pas que Jacques Brel soit mort.
Je préfère croire que c'est une espèce d'absence qui va commencer maintenant. D'ailleurs Jacques Brel fréquentait de trop près la mort dans ses chansons, et donc dans sa vie, pour que la mort nous ait enlevé Jacques Brel. C'est facile de faire revivre un homme comme lui, rien qu'en écoutant ses chansons.
Mais on a quand même un nœud dans la gorge en parlant d'un poète qui n'est plus. On en dit toujours trop, ou pas assez, surtout on se demande ce qu'il va en penser, lui. Peut-être il va partir d'un grand rire, en entendant tous ces éloges funèbres, de bonne foi ou de mauvaise foi. »

Roger Gicquel, TF1, 20 heures Actualités, 9 octobre 1978.

★

Plus qu'avec aucun autre chanteur, la première rencontre avec Brel détermine la relation qu'on entretiendra toute sa vie avec lui. On ne découvre pas Brel, on ne l'entend pas par hasard, Brel est une évidence – ou il n'est rien. La providence, ou rien. La chance, ou rien. L'immense, ou le trois fois rien.

Brel, tour à tour, est l'insupportable icône, l'indépassable poète, le mec qui braille et qui transpire, le chanteur catho, boy-scout et jean-foutre, *beau, beau, beau et con à la fois*, l'aventurier modèle, comédien moyen, réalisateur de seconde zone, et toujours là, immense, quand il le faut, l'âme-frère qui aide à *lever ses cent kilos*, quand la vie se joue *de drame en drame*, le *tu-frères-encore* matraqué, parodié, répété, répété, répété, mais, bon sang, inégalé.

Brel et ce vers, devenu boussole pour la vie : *Je sais on fait ce qu'on peut / Mais il y a la manière.*

C'est dix ans après sa mort que Brel cessa, à mes yeux, d'être un fantôme de salon pour se faire grand frère de petits chemins. Ça se passait sous les toits de Paris, à deux pas de l'Opéra, dans les locaux de *Best*, mensuel rock, où je vivotais. C'était Noël, le rédacteur en chef me fila une intégrale de Jacques Brel. Une des toutes premières en CD, qui en annonçait d'autres, Brel étoile filante de la chanson (quinze années sur scène), Brel filon de l'industrie du disque qu'il honnissait.

– Ça te changera de tes groupes punk, lâcha le patron.

Dordor, c'était son nom, savait de quoi il parlait. Il avait vogué sur la Tamise avec les Sex Pistols, lors du jubilé de la reine. Le fait d'armes punk total. J'aimais le taquiner, dis tonton Dordor, raconte-moi-la-péniche, allez… Lui me disait tu fais chier, ronchonnait, mais finissait chaque fois par me raconter un bout de son mythe, comme Brel avec les journalistes : ailleurs et présent, fier et joyeux, ennuyé et roublard. Sur Brel, Dordor se trompait pourtant. Si le Belge était mort (1978) l'année du punk, ou presque (1977), cette coïncidence était à prendre pour le signe qu'elle était : une révérence ou rien.

Le maître laissait le terrain à des démons, et nous, à notre triste sort.

★

> « Ça me fait peur, les gens prudents, les gens précautionneux, ils ont plus d'avenir que de présent, ils sont assis, ils se croient debout. C'est effrayant, non ? »

★

Dès 1965, Eddy Mitchell avait cerné le personnage : « J'aime Brel parce qu'il attaque comme un rocker. » Et qu'importe si la musique de danse, comme Brel l'appelait avec mépris, n'avait résolument aucune grâce aux oreilles du Grand Jacques (1,80 m, quatre paquets de clopes par jour), sa quête d'absolu, *vivre debout*, sur toutes les routes et déroutes : tout chez Brel transpirait le rock – ou du moins l'image que je m'en fais. Le tout à fond, le tout *maintenant*, le *no future* en avant.

★

> « Je suis sensible à la vitesse. Cette espèce de vitesse qui nous dévore. Dans mon tour de chant je vais très vite aussi. Parce que je veux essayer de restituer ce rythme qui est le vrai, celui de la rue. »

★

François Rauber, son chef d'orchestre, pianiste et arrangeur, racontera : « Le public nous balançait des trucs sur la scène pendant la chanson ! Moi je baissais la tête. Jacques continuait à chanter comme si de rien n'était. À la deuxième chanson, ils se sont arrêtés parce qu'ils ont compris que ce n'était pas la peine d'insister. » Un soir, à Remoulins, Brel pissa dans un piano, mal accordé, à la fin du concert.

Il n'y a qu'à regarder ses Olympia : pas une bête de scène ; un animal de vie. Le corps endiablé, le regard fou, les bras pogo, la cravate dénouée, le visage trempé, pas une seconde de répit entre les chansons. Brel, devenu légende, ne peut être aimé comme un vulgaire cochon de bourgeois de la chanson française. Brel mérite mieux. Il mérite d'être bousculé, comme lui défonçait la scène.

★

> « Il faut s'en occuper de ses rêves. Sinon on devient infirme. Comme pour tout, il faut aller voir.
> – Et une fois qu'on a… ?
> – Il faut aller voir. Il faut aller voir.
> – Vous avez le sentiment que c'est ce que vous faites ?
> – Dans la vie ? Oui, je vais voir. Je crois que je vais voir. Je ne dis pas que je vois bien. Je ne dis pas que je vais voir où il faut aller voir. Mais je vais voir.
> – Et en général, quand vous avez vu ?
> – J'oublie tout, tout de suite. Finalement ce qui est le plus fort en moi c'est l'envie d'aller voir.
> – Ça peut aussi s'appeler une fuite en avant.
> – Oui, ça s'appelle aussi comme ça. Ce serait trop long de vous expliquer pourquoi ça m'a toujours fait rire cette expression-là.
> – Essayez, rapidement.
> – Car c'est un mot qui est employé par les gens qui ne vont pas voir. »

★

Aller voir.
Se tromper.
Tout était là.

Et j'allais bientôt prendre Brel au mot, toute ma vie. D'abord sans le savoir ; puis tout à fait consciemment, faisant de certaines de ses déclarations à l'emporte-pièce des devises indétrônables, quitte à en payer le prix fort parfois – jamais avec des remords. Sur un petit calepin à spirale, bleu et jaune, très années 1980, je notais frénétiquement certains de ses aphorismes.

– Vivre, c'est très mauvais pour la santé.
– L'échec est toujours une preuve de liberté.
– Il faut vivre debout. Debout et en mouvement. Et ne jamais avoir l'air fatigué. Parce que la lumière vous tombe sur la tête.

Dans mon carnet, Brel avoisinait mes héros d'alors. Tzara, Aragon, Chuck D, Virilio, Henri Rollins, Vaneigem, Clash, Céline ou Pierre Naville (« Il faut organiser le pessimisme »).

Ce calepin, il m'accompagne encore. Avec les années, le quadrillage s'est estompé, les rebords ont jauni, les spirales ont un teint de rouille – mais rien de tout ça n'a anéanti les cent pages de rêves de jeune adulte que j'étais (*L'âge idiot, c'est à vingt fleurs / Quand le ventre brûle de faim*).

★

> « L'important c'est de faire les choses, c'est d'aller voir. C'est de ne pas dire : "L'année prochaine si j'ai un peu de temps, j'aimerais bien faire…" Non, l'important c'est de faire. C'est d'aller voir. L'important c'est de se mettre au pied du mur. Alors si on a mal calculé son élan, si on se heurte au mur et qu'on se casse la tête, il ne faut pas insulter les gens. C'est qu'on s'est cassé la gueule. On se trompe. Les gens totalement immobiles, qui ne font jamais rien, arrivent à traverser la vie en disant que "tous les autres sont cons". Dès qu'on fait les choses, on devient d'une nullité fantastique. Dès qu'on va voir, on a vraiment peur. On passe ou on ne passe pas, ça n'a pas d'importance, on est allé voir. Si c'est un échec, on l'a mérité. Ou parce qu'on a eu peur en route, ou parce qu'on n'est pas bon pilote. Mais c'est soi. Les autres, effectivement, ne se trompent jamais. Ils finissent par se faire absorber par une femme. Par deux maîtresses dans leur ville, avoir un enfant, deux enfants. À croire à l'immortalité de l'âme. Je ne veux pas faire ça. Je préfère continuer à être en marche si vous voulez. »

★

Dans l'intégrale Brel figurait un entretien enregistré en 1971 à Knokke-le-Zoute. C'est à son écoute que tout a basculé et que la vie s'est arrêtée, comme pour mieux se ressaisir, une bifurcation totale. Soudain, la vie avait un sens, un tout début de sens. Brel est devenu si proche.

Sa voix de fumeur, ses hésitations, puis ses cavalcades, une idée qui en cogne une autre, entre sagesse et envie d'en découdre, folie et force – la vie même. Plus tard, je découvris des tonnes d'entretiens. Je les aimais car ils étaient des sauvageries, j'aimais son aplomb, j'aimais son accent belge qui rejaillissait au détour d'une affirmation, j'aimais cette façon d'asséner en faisant croire qu'on suggère, ce face-à-face perpétuel, ses intuitions pour seules théories, son style propre à lui de l'interview-peignoir d'après-concert.

★

> « Avant d'ouvrir ma gueule, devant ces microphones, je n'ai jamais su les conneries que j'allais dire. Elles n'avaient vraiment pas d'importance, ces phrases happées par le zoom des caméras. Sauf à l'instant de les dire. Là, il se passe quelque chose : on respire pour ne pas vomir de raconter les horreurs qui nous taraudent, et que, par conne fierté, on n'ose pas dire. Les silences que m'offrait ma clope me permettaient de me concentrer, de ne pas dire des trucs trop indigestes… J'avais pourtant envie de les empêcher de digérer à leur aise. Je les sentais suspendus ! Oui, pendus… Tu sais, le silence "suspend" la pensée : il écoute… On est tous des pendus, non ? C'est le temps qui nous pend. Comme le canal ! »

★

Avec le temps, je crois même que j'avais fini par préférer ses aphorismes à ses chansons. Et puis, à dire vrai, de Brel, combien de chansons sont restées vraiment ?

Amsterdam ?

Ces gens-là ?

L'Ivrogne ?

Ne me quitte pas ?

Le Plat Pays ?

Fernand ?

Et dix, quinze autres ? *Les Bourgeois*, bien entendu ; *Jef*, résolument ; *Vesoul*, parce que les flonflons, et *Le Moribond*, rien que pour *on prend tous le train qu'on peut*. Allez, vingt, en comptant large. Pas plus – mais toutes des monuments. Toutes indépassables, au-dessus de tout le répertoire français d'après-guerre. Piaf et Brel – le reste, loin derrière. Ou mieux encore : sa chanson est faite pour ceux, comme moi, qui n'aiment pas la chanson française. Parce que les flonflons.

Dans chaque interview, Brel montrait le chemin, et qu'importe si les destinations changeaient au gré des interlocuteurs et des époques. Avec les femmes, indocile et charmeur ; avec les hommes, séducteur et moqueur ; et avec Guy Lux, snob et fier (Brel cirant ses chaussures, comme un rituel avant chaque assaut de la scène, ne regarde même pas la vedette de télé). Et parfois cassant avec ses propres amis, trop bruyants en coulisse (« Taisez-vous, là-bas ! Hey ! Il y a du chahut monstrueux. Hey ! Taisez-vous ! On fait de la télévision ! Bon ! Faut leur dire ! »).

Pour tout cela, Brel n'était plus chanteur, mais bien le maître chanteur de sa *Chanson de Jacky*.

Un guide.

Le plus sûr d'entre les guides, parce que imprévisible et imprévu.

« Une cigarette pour Brel ! » clamait un autre journaliste, qui le cueillait au sortir d'un gala. Une Celtique ou une Gitane et c'était parti. Dans chaque télé, interview ou chansonnette, Brel laissait systématiquement paraître un signe du direct – un objet posé en plein chant, un verre ou un instrument, une interjection, l'inspiration d'une taffe – pour bien signifier qu'il n'y avait aucun *play-back* chez lui. Aucune dissimulation, aucun arrière assuré ; son seul plaisir était celui de la comédie humaine, pas du show-business naissant. Il parlait comme Jean-Claude, disquaire héroïque de mes jeunes années poitevines, en résistant des convenances et des idées convenues.

Devant un radiateur, attablé dans un buffet de gare, sur un bord de mer, Brel se prêtait de bonne grâce à l'exercice de l'interview télé ; on sent l'enfant chez lui, dès sa première apparition, où il est encore prêchi-prêcha, abbé Brel, comme avait dit

Brassens ; partout, on le voit attiré par la lumière. Souvent, Brel répète des chansons en cours d'écriture, raconte comment il compose, à la fois touchant et fier, heureux surtout, heureux de l'artisanat.

À tout prendre, Brel guide – lui l'angoissé, lui qui avait tant *mal à lui* –, ça constituait le bon côté de ses années scout (la Franche Cordée ça s'appelait ; Phoque Hilarant, son totem ; et « Plus est en toi », la devise qui le suivra toute sa vie).

★

> « Ce qu'il y a de plus dur pour un homme qui habiterait Vilvoorde et qui veut aller vivre à Hong Kong, ce n'est pas d'aller à Hong Kong, c'est de quitter Vilvoorde. »

★

Il était grand temps de prendre le train.

III

Ma quête n'avait qu'un cap : c'était moins l'histoire de Brel qui m'intéressait, ni l'exégèse de son œuvre, que cette question simple : que reste-t-il du *Jacky* dans la France ratatinée d'aujourd'hui ? De quoi le pays était-il le nom et lui le non ? Brel qui m'avait tant aidé à quitter le pays, à *aller voir*, à aller loin, à rester toujours instable ; peut-être pourrait-il me soutenir dans mon retour. Il me devait bien ça, après tout. Il n'y a pas de poète innocent.

Ce serait un livre avec lui, plus que sur lui, à l'heure où résonne sa terrible sentence dans une chanson longtemps restée inédite : *Cinquante ans / C'est la province.*

Ah, *l'enfant d'salaud*, comme il disait.

★

« Être de quelque part, ça se décide. Ça se décide assez tard. »

★

Quand j'ai débarqué la première fois à Vesoul, en juillet 2017, le Tour de France venait d'y faire une halte. Un coup du maire, qui surfa longtemps sur l'opération. La promotion locale jouait sur la chanson, et l'événement. Un calicot barrait toute l'ouverture du marché couvert : *Vesoul, viens faire un Tour.* Il y est resté jusqu'à l'automne, histoire d'amortir la fiesta à hauteur des investissements.

Deux rues plus loin, la ville avait ressorti des panneaux un peu vieillots, qui citaient Brel (*T'as voulu voir Vesoul / Et on a vu Vesoul*) pour le contredire aussi sec : « Vesoul la discrète ne se livre pas au premier coup d'œil », allusion aux passages médiévaux, d'une rue à l'autre, secrets et pas tous massacrés, et qu'on devine ici et là. Les panneaux étaient boulonnés au sol, au pied des poubelles municipales. Ça leur donnait une étrange gravité. J'ignorais si ces panneaux s'adressaient aux touristes, rares, ou aux habitants, de plus en plus rares aussi (Vesoul perd des Vésuliens à chaque recensement) ; aux premiers, pour leur dire de se méfier des chansonniers ; aux seconds, pour les inviter à ne pas se décourager comme ça, que la Haute-Saône, département moyen de France moyenne, dont Vesoul est le chef-lieu, n'avait pas à rougir d'une vulgaire valse-musette.

Je compris dès le premier café en terrasse que tout se jouerait ici.

★

« Dans l'année passée, j'ai eu une liberté de 440 000 kilomètres. Ça se calcule en kilomètres.
– Ce n'est pas du tout un esclavage ? Les dates, les lieux ?
– Pas une seconde, puisque je l'ai choisi, puisque je le veux. Il n'y a pas un endroit où je ne veux pas aller, hein. La liberté est dans le mouvement. La preuve c'est qu'on met des prisonniers entre quatre murs. C'est une preuve idiote, mais c'est une preuve que j'aime bien.
– Vous savez le nombre de kilomètres que vous avez faits ?
– J'ai un musicien qui s'amuse à calculer ça. Depuis que j'ai commencé, je ne sais pas. On peut peut-être mettre dix fois ça, en quinze ans.
– Combien de zéros au bout de ce chiffre-là ?
– Quatre millions, j'ai dû faire quatre millions de kilomètres. À vue de nez. »

★

Sur la petite nationale qui mène à Vesoul (aucune autoroute ne dessert la ville, pourtant préfecture), je jouais à la moto-balai du Tour de France, virevoltant dans les virages comme un gamin. Une petite Harley fidèle, avec qui j'avais fait les quatre cents coups, monté jusqu'à Tarnac, lors de l'« affaire », glissé sur trente mètres rue de Rivoli, roulé sous la pluie normande, mes années d'avant l'exil canadien – chacun son looping.

Partout sur la N19, avec ma Mathilde, passagère sûre et téméraire, belle et courageuse, on cherchait les signes de la compétition cycliste, aux fenêtres des maisons, aux lampadaires des villages, aux vieux vélos fluo accrochés aux arbres, aux drapeaux tricolores restés suspendus, fiers de leurs couleurs et tristes de la fête finie, les petits encouragements à la craie dessinés sur les ballots de paille, ou à l'aérosol sur le bitume, et, sur les bas-côtés, les emballages de quelques gadgets Cochonou ou un bataillon de ballons Krys crevés.

J'aime la foire où pour trois sous
L'on peut se faire tourner la tête
Sur les manèges aux chevaux roux
Au son d'une musique bête.

La Foire

IV

Christophe était arrivé à Vesoul dans les années 1980, directement depuis Trieste en Italie, d'où sa mère avait fui son père, un violent. Et lui, Christophe, à peine soulagé de sortir de l'enfer des coups, se souvenait de sa peur, à la vue des tours de son nouveau refuge, le quartier du Montmarin.

– J'ai dit : « C'est quoi ça, wow ? Vous nous emmenez où, là ? » J'avais 10-11 ans, je comprenais pas. J'avais jamais vu de tours. Je savais pas ce que c'était un Arabe. C'était pas les ghettos de New York, non plus, faut pas abuser. Mais c'est compliqué de vivre dans des tours comme ça, à cheval les uns sur les autres. Il y a 2 500 logements là-dedans. Et puis, rapidement, ma mère s'est sentie seule, paumée, elle a plongé dans l'alcool et ça a été à nouveau l'enfer pour nous, mes frères et sœurs, on était six... On a essayé de la sortir de là mais... voilà... c'était compliqué... oui, très compliqué... Tellement compliqué que c'est nous qui avons été voir la directrice du Jacques-Brel, le collège, là, au fond de la rue, en lui disant qu'on voulait être placés dans un foyer... Vous vous rendez compte ? On leur a dit qu'on ne voulait plus vivre avec notre mère parce qu'on n'avait pas à manger... Ça craint quand même, hein... Aller demander là-bas qu'ils fassent le nécessaire et, le soir même, ça a pas traîné :

un bus du foyer est venu me chercher. La protection de l'enfance, elle nous a protégés.

★

> « Pour moi, l'enfance est une notion géographique. On est né dans un coin qui est l'enfance. C'est géographique. Pour moi l'enfance c'est un ciel bas, il fait gris, il fait humide, il y a des adultes que je ne comprends pas. Ça aurait très bien pu se passer dans le Limousin ou en Bretagne ou à Paris. Ça s'est passé en Belgique. [...] L'enfant est nomade et il ne comprend pas pourquoi les troupeaux ne vont pas chercher de l'herbe là où il y a de l'herbe. Et l'enfant, je crois, ne comprend pas qu'on se bute à vouloir brouter de l'herbe là où il n'y a que des cailloux. On lui apprend petit à petit à être prudent. À être sage, à être économe. Pas dans le sens... même pas pognon... Dans le pire sens du mot. Économe de ses forces. On lui apprend des tas de choses abominables. L'espoir, mais le mauvais espoir. "Il va t'arriver des choses." Or il ne nous arrive jamais rien. Moi dans ma vie, il ne m'est arrivé que moi. Bref on leur apprend le contraire de Noël. »

★

La pluie glaçante avait dissuadé la clientèle. À part notre Brel à la crème fraîche, Christophe avait dû vendre une Royale et une Américaine. Ça lui laissait le temps de se raconter, de se faire du bien, et nous de plonger. À un moment, il proposa qu'on passe au tu, et désigna la place comme sa vie même.

– La seule chose qui a pas changé dans le quartier depuis que je suis minot, c'est elle, la place. C'est les même arbres, ils se sont un peu penchés avec la vieillesse ; mais c'est tout, tu t'assois, c'est les mêmes.

Aller voir, c'est pour ce genre d'instant, quand un inconnu se livre, parce qu'on s'intéresse à lui sans jugement, que la relation est simple, modeste, sans arrière-pensée, et qu'on l'écoute aussi pour mieux se comprendre soi-même. Tous les compagnons de Brel l'avaient raconté : après chaque gala, il fallait au chanteur aller au contact ; écouter le cœur des Hommes, des heures avec des industriels ruinés ou des prolos sans le sou, des *Jojo* ou une Madame qui promène *son cul sur les remparts de Varsovie.* Brel s'en expliqua un jour, non, il n'était pas frustré d'aller de ville en ville, de rencontre en rencontre sans lendemain. Sa frénésie annonçait les souvenirs de Christophe.

★

« On a des petits points de repère à gauche, à droite. On fait le tour de l'arbre très vite. Surtout quand on devient moins jeune. J'ai de moins en moins envie de savoir ce qu'il y a de l'autre côté de l'arbre. J'ai envie de savoir ce qu'un arbre tordu, comme moi, essaie, tente de paraître à quelqu'un d'autre, juste parce qu'il a envie de lui mettre une branche sur l'épaule. J'ai pas envie d'aller voir de l'autre côté si c'est pourri, si c'est ravagé. Je trouve que l'effort de dignité, de tendresse des gens, c'est ça le vivant. L'intérieur, il n'y a que les médecins et les curés qui s'y intéressent vraiment, et de façon très différente. »

★

– Quand le camion vert est arrivé pour la première fois, j'habitais au-dessus, dans les tours, avec ma mère. À l'époque, c'était un Citroën HY, un de ces tout petits trucs, les « Tubes » on les appelait, et on voit marqué « Pizza ». Il y a une trentaine d'années, la pizza en France, c'était pas… Seuls ceux qui allaient dans les grands restaurants savaient ce que c'était. En camion, comme ça, à emporter, personne connaissait… Et moi, je me suis dit : « Tiens, c'est quoi ce truc ? » Je suis descendu… Et j'ai sympathisé avec Michel, celui qui a créé le camion. Après je suis venu, on va dire tous les mercredis, tous les samedis, puis toutes les vacances… Au collège, je m'emmerdais. On avait des activités, genre maçonnerie, menuiserie, ou je ne sais plus quoi… J'avais pris maçonnerie mais ça m'intéressait pas du tout. Alors qu'avec Michel, ça a accroché tout de suite ; c'était vraiment comme si je l'attendais, cette personne. Un père. Moi, j'étais à la

DDASS, je n'avais plus de repères, il m'a sauvé, Michel, avec son camion. Je venais l'aider à ouvrir les boîtes de conserve, je venais faire des cartons. Et lui, il m'emmenait chercher les meules de fromage en bécane. C'est en souvenir de lui que je me suis acheté une moto, plus tard. On partait dans une fromagerie, à une trentaine de kilomètres, on attachait la meule avec un tendeur, à l'arrière de sa moto... Tout le monde rigolait... C'était les bonnes années... Un coup, je me souviens, on rentrait, et v'là que la meule, elle se barre... putain... sur la nationale, la meule... Voilà, cette place Jacques-Brel, c'est ça : c'était mon terrain de jeu, les billes, et c'est là que j'ai monté, c'est grâce à ici que je suis pas devenu délinquant ; grâce à elle que j'ai avancé, à la pizza. Et puis, c'est là que j'ai rencontré Adeline.

Se tiennent par la main et marchent en silence
Dans ces villes éteintes que le crachin balance

Les Désespérés

Adeline, comme Tof et comme Brel, avait sa pizza à son nom. Une crème-chèvre-roquefort-emmental, que Christophe a baptisée en son honneur.

– Un jour, j'ouvre le camion, et je vois des groupes de jeunes, comme d'habitude, qui sortaient du collège Jacques-Brel, et je vois deux filles qui arrivent, et c'était Adeline avec une de ses copines... Elle arrive, elle me dit : « Ouais, t'aurais pas une clope ? » Je dis : « Ouais » – je fumais à l'époque. Et dès qu'on s'est regardés, paf... Ça a franchement... Et ça fait vingt-cinq ans. Son enfance, c'était pire que la mienne. Elle avait été abandonnée par ses parents... Mais je te le dis, les gens qui, minots, ont été meurtris par quelque chose, c'est des gens bien. En général… en général, c'est des gens qui vont tout faire pour s'en sortir. Ah oui. Moi j'ai… Je parle des gens qui ont été vraiment meurtris, pas des gens qui ont un peu souffert, parce que voilà, il y a les problèmes de la vie, tout le monde en a des problèmes, je parle des gens qui ont été profondément touchés… On grandit toute notre vie avec ça, on mourra avec ça, et on fera tout pour se prouver qu'on n'est pas une merde. Malgré tout, il y a quelque chose là-dedans qui est broyé, quelque chose qui ne guérira jamais. Ce quelque chose, c'est… ben, le manque d'amour des parents… plein de trucs… Genre quand on avait des réunions à l'école, ils avaient tous leurs parents, moi je me retournais, je cherchais mes parents, ils étaient pas là ; c'était des parents qui s'en foutent. Et ça, quand on est petit, c'est dur… On ne réalise pas parce qu'on est petit, on se dit : « Je m'en fous », mais en grandissant, on se dit : « Putain… ça craint, quoi, cette vie que j'ai eue »… Dans le quartier, aujourd'hui, je les vois, les gens cassés : je vois beaucoup des petits du quartier… Ils passent là, ils grandissent là, je les vois grandir, et j'en vois, des fois, ils ont la haine, ils ont la haine… Parce qu'ils ont un manque d'amour, il y a quelque chose qui va pas chez eux… Je le ressens direct. D'ailleurs, il y en a plein, ils ont fait de la prison… Parce que, justement, ils ont pas eu quelqu'un pour…

– Ils n'ont pas eu de Michel ?

– On va dire ça. Et c'est triste, franchement ça fait mal au cœur de voir des jeunes comme ça, des bons jeunes, les voir partir à la dérive… J'en ai sorti de la merde, trois ou quatre. Je les ai fait travailler avec moi. J'ai senti que c'était des bonnes personnes, et, aujourd'hui, c'est vraiment des gens bien. Ils ont une famille, tout ça… Pourtant quand ils venaient ici avant que je les fasse travailler, ils étaient défoncés… Je les ai pris en été, on en profitait pour discuter, ils se confiaient. Et quand je leur disais d'où je venais, ils ne me croyaient pas et après ils m'ont cru. J'ai dit : « Si moi j'ai pu, avec quelqu'un qui m'a tendu la main, tu peux le faire… » J'en ai même fait dormir chez moi, parce que je savais que si je le remettais là, c'était fini… La place Jacques-Brel, tu vois, il y a eu beaucoup de bon… Elle a porté chance à des gens, quand même, cette place.

V

C'était un jeudi, jour de marché, devant la halle repeinte. Une figure locale, journaliste à la retraite, me toisait autant qu'il faisait le beau, à moins qu'il n'ait voulu épater l'inconnu que j'étais, probablement un petit Parigot honni, et en remontrer à tous ceux qui pouvaient nous apercevoir. Sur le marché de Vesoul, comme sur tous les marchés de France, ou comme aux Deux Magots ou au Silenzio, on y va autant qu'on se montre, on achète autant qu'on se vend.

À sa droite, un dénommé Pascal poussait la provocation. Pascal Magnin, éditeur régionaliste, deux cents titres à son actif, me défiait à coups de tapes dans le dos et de frappes sur l'épaule.

– On se démerde ! On est des paysans, nous ! On fait que ça marche, mon gars ! Tu fais comme tu plantes ton champ de patates, tu vends tes bouquins, et puis tu te démerdes, c'est facile, tu sais…

★

« Il faut être en difficulté, je crois, toute sa vie ; et quand les choses fonctionnent bien, c'est qu'on va vers la grisaille immédiatement, c'est-à-dire qu'on commence à se poser des problèmes qui sont des problèmes de luxe. »

★

Parfois, l'éditeur s'appuyait puissamment sur moi au point de me faire basculer. Je ne comprenais pas comment cet homme de 70 ans pouvait donner des coups aussi secs, aussi virils. Pascal était svelte, maigre peut-être, mais tenait debout comme un boxeur, on est des bagarreurs par ici vingt dieux, répétait-il. Il avait un côté Arthur Cravan, poète-boxeur pré-Dada, et annonciateur de tout ce que le XXe siècle produirait de meilleur.

Pascal avait une gueule, et une dégaine. D'abord, ses mains, à plume et à charrue à la fois, immenses, burinées, elles expliquaient sa poigne. Ensuite, son petit gilet en tissu vert, sa sacoche de cuir marron élimée, sa chemise à carreaux bariolée, les sourcils qui lui tombent dans les yeux, qu'il a fixes et foncés, et ses cheveux gris, courts et sauvages, tout l'ensemble lui donnait des airs de cow-boy égaré, de résistant d'une guerre qui n'avait pas dit son nom, Pascal était le figurant idéal de *La Chanson des vieux amants* : *Finalement finalement / Il nous fallut bien du talent / Pour être vieux sans être adultes.*

L'attitude de défi de Pascal était toute différente de celle de l'ancien journaliste rangé des voitures. Son attitude était faite de respect, et de tendresse.

– Allez, un peu de théâtre ! Un peu d'humour ! disait Pascal.

C'était autant une demande qu'une invitation. Et avec un accent franc-comtois à couper au couteau (les gens d'ici ajoutaient, fiers de leurs signes de distinction : au couteau à raclette).

Magnin, ou le Magnin comme on l'appelle ici, avait commencé ado, au début des années 1960, dans un centre de redressement de Vesoul, il avait été le premier attaché au radiateur du commissariat de la ville, pour trafic de drogue. Puis les

Indes, le psychédélisme, trois campagnes avec les communistes locaux, et même un festival pop, ici même, lors de la canicule de 1976, avec Nico, ex-Velvet :

– C'était une diva, vingt dieux, mais elle était déjà décatie, elle n'avait plus un charme. Elle vivait avec un guitariste, assez bûcheron, un guitariste allemand, tu vois. C'est moi qui les ai véhiculés à l'Hôtel du Nord, en ville, après le concert. L'Hôtel du Nord, tu connais ?

★

De : grandhoteldunord@hotel-vesoul.com
Objet : Booking for Dufresne

Bonjour,

Je vous confirme votre réservation pour une chambre traditionnelle à 86 euros à votre nom.

Nous nous sommes renseignés Jacques Brel aurait dormi dans la chambre 246 qui est devenue une chambre triple. C'est donc celle-ci que nous vous réserverons.

Votre numéro de réservation est le YZ225020922. Nous attirons votre attention sur le fait que notre établissement est 100 % sans tabac.

Meilleures salutations.
Grand Hôtel du Nord

★

– Quand je suis parti d'ici en stop, j'ai regardé Vesoul. J'ai dit : « Jamais plus je ne remettrai les pieds dans ce pays de merde. » J'avais besoin d'explorer. Je connaissais mieux ce qui se passait dans la Factory d'Andy Warhol ou à Frisco, que je ne connaissais la Haute-Saône, mon environnement. Et un jour, au fin fond de l'Himalaya, des illuminations : j'ai su que je devais revenir dans mon pays natal, celui de mes ancêtres, paysans et artisans. Je suis revenu ici et j'ai construit une baraque. Et j'ai commencé à m'intéresser à mon environnement, à publier des livres.

– La nostalgie ?

– C'est plus simple : il n'y a absolument aucun avenir si tu n'es pas au fait de tes racines, si tu ignores que nous sommes les purs produits d'une histoire. C'est tout. Aucune nostalgie là-dedans. Je suis toujours un homme d'avenir. Mais il n'y a aucun avenir digne, pour toi et ta pomme, si t'es pas au fait de tes historicités.

– Et Vesoul aujourd'hui, c'est quoi pour toi ?

– La ville est complètement ruinée. Je l'aime, mais je ne suis pas dupe. J'ai voyagé. Vesoul, c'est devenu le trou du cul du monde. Il n'y a plus rien de ce qui avait fait notre richesse culturelle, financière, industrielle, rien de nos productions vivrières. On arrive à l'étape totale de ruine. Je dis bien totale. Et, pour faire semblant de sauver la mise, la Haute-Saône est en train de labelliser ses produits les plus minables, comme la cancoillotte ! Et je te dis ça, j'ai rien contre la cancoillotte : mon grand-père était fromager laitier, mes deux oncles aussi. Mais tout de même ! Tu peux pas te douter ! J'ai toutes les photos de Vesoul. Ce n'est que crime, depuis environ soixante-dix ans. À cause de ces connards d'ingénieurs de merde, qui donnent des autorisations de détruire ça, de construire ça, que des connards qui n'en ont rien à foutre de nos identités. Si je t'emmène dans Vesoul, tu vas te suicider au bout de la promenade.

Pascal ironisait maintenant.

– Si, je t'assure. Tu te suicides, je te promets… Juste si t'es un peu solidaire.

★

« Le pays, ce n'est pas exactement le pays non plus. C'est une origine. On a quand même besoin de savoir ou croire qu'on est de quelque part.

C'est-à-dire que moi j'ai besoin de l'odeur de… Ça sentait la confiture dans le corridor chez ma grand-mère. C'est ça mon pays, c'est l'odeur de cette confiture. Que ça se soit passé en Flandre, en Belgique ou en Pologne, ça n'a pas d'importance. Il faut qu'on sache qu'on est de quelque part. Il faut qu'on sache qu'on a été petit. En tout cas, moi j'ai besoin de ça. »

★

Le Magnin avait une certitude, tout cela avait un nom – la perte – et la perte était le fait de l'État français. Lui le républicain, qui rêve de fédération et fustige tout jacobinisme, disait plutôt putain d'État décentralisé.

– La notion de terroir a été massacrée, abandonnée, pour nous faire devenir, tous, des petits Français. L'État français a shunté nos identités. Toutes nos richesses. Il a toujours peur qu'on fasse sécession. Aujourd'hui, le centralisme a tout ruiné… Ces putains de Français puis de Parisiens de merde, tu ne le sais pas, mais ils ont massacré 65 % de mes ancêtres quand ils sont arrivés ici. Tu n'en sais rien, toi, parce que t'as une petite culture française où tu crois que tout est bien, pays des droits de l'homme, pays des Lumières… Ben voyons… Mais si tu viens chez moi, je te montre les boulets de canon que ces fumiers de Français nous ont foutus sur la gueule ! Voyons…

– Mais tu remontes à loin, là…

– Ben oui, Louis XI… mais toi, t'as pas de mémoire !

– Si, mais ça date un peu !

– Mais justement, vingt dieux ! Tout le monde a une mémoire très courte sur pied, personne ne veut se rendre compte des réalités historiques, des identités… Aujourd'hui, c'est tout de l'hystérie : on lit le dernier philosophe, on lit le dernier critique, c'est du grand guignol, du petit intellectuel, ça ! De la petite culture. Paris n'a jamais cessé d'aspirer les élites artistiques, intellectuelles, financières, industrielles, administratives. Tout à Paris. Ha ! La France est belle ! Les Chinois arrivent à Paris, les Koweïtiens arrivent à Paris, le monde entier aime Paris, mais ils ne voient pas à quel prix cette pseudo-France parisienne s'est bâtie. Celui d'avoir ruiné les provinces. On a tout perdu. Ils n'ont laissé que les commis de culture, les petits ouvriers… et les fonctionnaires qui régissent ça à coups de subventions de merde. On n'en a rien à foutre, nous, des subventions. Nous, on produisait plus de richesses que n'importe où en Europe. On ne nous a pas laissés continuer. C'est du génie ce qu'ils ont mis en place pour aspirer l'élite et toutes les finances. Et décider de tout en nous faisant croire qu'on va nous donner l'obole.

Les soirs où je suis Caracas
Je Panama, je Partagas
Je suis l'plus beau, je pars en chasse
Je glisse de palace en palace

Knokke-le-Zoute Tango

– Bon, ton livre sur Brel… Parlons-en, poursuivit Pascal. Tu sais qu'il existe au moins quatre façons d'écrire l'Histoire. La première : benoîtement, comme un primaire, un primitif, se contenter des faits. Ensuite, la tête un peu structurée, tu peux dire ce que tu penses et défendre des valeurs. Après, tu peux écrire l'Histoire d'une façon polémiste. Et la quatrième manière, mon gars, tu la connais ? Celle qu'on faisait dans la Grèce antique ? J'aimerais que ça soit toi qui me le dises.
– Je ne sais pas.
– Tu te fous de ma gueule ! Allez, mon gars, cherche… D'après toi, qu'est-ce qui caractérise toute la qualité de notre civilisation d'Occident ? Notre capacité, à un moment donné, en écrivant l'Histoire, à créer quoi ?

– Une légende ?
– Mieux que ça.
– Un mythe ?
– Voilà ! Vingt dieux ! Voilà, tu l'as dit ! Et une fois que tu sais ça, tu t'aperçois que les mecs les plus doués, les plus sincères et les plus référencés ont tous été capables de créer des mythes qui sont l'Occident, qui font la poésie, qui font l'élan de la jeunesse. Sans les mythes, c'est simplement scolaire. C'est pauvre.
– Alors pour toi, c'est quoi le mythe de Brel ? Le mythe de *Vesoul* ?
– Ça commence par tous les bruits qui courent en ville. D'où elle vient, la chanson ? Comment Brel l'a écrite ? Pour qui, pourquoi ? Et finalement, tous ces bruits qui courent fabriquent du génie. C'est autre chose qu'une simple vérité scolaire, autre chose que des milliers de faits que tu peux brasser et authentifier. Ça crée du mythe, ça crée du sens. Même de grands érudits du coin, de grands amateurs, véhiculent des rumeurs. J'entends des tas de trucs, et je me marre.
– Quel genre de rumeurs ?
– Des gens disent que Brel n'est jamais venu, d'autres qu'il est venu en avion, d'autres qu'il est venu avec un cortège de belles voitures, genre play-boy, tu vois, garé en centre-ville…

Pascal m'avait amené à la Brasserie de l'Hôtel de Ville, où il avait son rond de serviette. La radio crachait *Seven Nation Army* des White Stripes. On était bien. Dehors, les premiers bruits de scie de l'année annonçaient les rénovations de printemps. Mais j'étais trop pressé. Je tentais de savoir, trop vite, cette affaire de mythe.

Pascal le conteur souriait. Il avait un client, et voulait faire durer le plaisir. Le patron du restaurant me regardait comme on regarde une victime, avec compassion.

Pascal promit :

– Attends, vingt dieux, je vais te la raconter, la vraie histoire de *Vesoul.* Parce que tu as une bonne gueule. Mais pas tout de suite ! Je veux être sûr que tu me suives. Créer du mythe, c'est être capable d'aller bien au-delà de ce que tu peux écrire avec des milliers d'informations, au-delà de toutes ces années passées aux archives, tout le temps que tu as eu à interviewer mille personnes. Ça, c'est la base. T'as pas le droit de tricher, tu es obligé d'avoir épuisé toutes tes ressources, obligé d'être perspicace, jusqu'au-boutiste… Mais après, tu écris le mythe. Pas au forceps pour autant. Tu le fais pour toi.

★

> « On compose une chanson pour trois mots. Trois mots qui vous transpercent le cœur, un jour, on ne sait pourquoi. Ils vous assaillent n'importe où, chez des amis, en lisant, en conduisant. Pour ces trois mots, on écrit un poème. On cherche des phrases qui les emmènent, qui les encerclent. Ce qu'il y a d'important, ce sont ces trois mots : le reste, c'est du remplissage. On fait un film pour une séquence, un livre pour un chapitre, l'histoire du grand-père, du héros, on s'en fout complètement, mais elle doit être là parce qu'elle amène ce chapitre qui vous hante depuis des années. »

VI

Ce soir de novembre 1960, Brel est arrivé en retard, et en colère. Il pestait contre des connards qui l'avaient empêché d'atterrir à l'aérodrome. Serge Cholley se souvenait de la scène comme si c'était hier. Hier, quand il était jeune, quand il était barman au casino de Luxeuil-les-Bains, à 25 kilomètres de Vesoul, et que ledit casino offrait ce qu'il y avait de mieux dans la région, dancing haut de gamme, roulettes, boules, baccaras, chemins de fer, un établissement tenu par deux Corses, armés et moyennement commodes.

– Les musiciens de Brel sont arrivés dans l'après-midi, mais lui bien plus tard, vers 9 h 30 du soir. Il était venu avec son avion. Il voulait atterrir sur la base.

– La base ?

– La base 116 de Luxeuil, la base aérienne 116. On lui a dit : « Monsieur Brel, vous êtes sur une base nucléaire, en aucun cas vous ne pouvez atterrir, sauf si vous êtes en danger de mort. Veuillez aller plus au large. » Donc il est allé se poser à Vesoul, à l'aéroclub de Vesoul. Et comme il était un peu tard, certains membres ont éclairé la piste pour qu'il puisse facilement atterrir. Et quand il est arrivé au casino, c'était déjà bondé. Plein à craquer. À l'époque, les chanteurs faisaient tous les casinos de France. Les Zénith, les palais des congrès, les stades, ça n'existait pas. Et à son arrivée : les noms d'oiseaux pour les militaires ! « Connards », « Bordel », on peut dire qu'ils en ont pris pour leur grade, les militaires ! Brel était très remonté. Il a fait son concert, peut-être avec un peu plus de hargne qu'à l'habitude…

Mais je jure que d'entendre cet adjudant d'mes fesses
C'est des coups à vous faire des armées d'impuissants
Au suivant, et au suivant

Au suivant

Un ami de Serge Cholley avait lu un article dans *L'Est républicain* qui contait ma quête. Il m'avait aussitôt appelé et refourgué les coordonnées du barman.

– Vous devriez le joindre ; il sait tout, Serge.

Contacter la presse en pareil cas faisait partie depuis longtemps de mon approche ; dans le Colorado, pour mon film *Prison Valley*, ou en Alberta, pour *Fort McMoney* ; la manœuvre avait fait ses preuves. Faire savoir qu'on est là, en ville ; comme un pêcheur qui pose ses filets, et qui attend. Le style, c'est le temps. Retourner une ville dans tous les sens, la sillonner dans ses moindres recoins, faire parler les murs et les murmures, partir, revenir, repartir, re-revenir, est ce que j'affectionne le plus. Espérer que la lumière jaillira à sa façon, à son moment, au fond d'une ruelle, ou dans l'arrière-cuisine d'une salle des fêtes, jamais quand ni comment on l'imagine. Creuser telle une quête inutile et ultime, belle et obsessionnelle ; un intérêt vif, soudain, qui dure des mois, des années, et qui s'évanouit. Être fourmi parmi les fourmis, passant parmi les hommes, libre et attentif à la fois, plus bienveillant que curieux, et ni voyeur ni touriste, sachant que la fourmilière n'est qu'une étape, la pêche périlleuse, et qu'*on ne vit qu'une heure.*

Serge Cholley, c'était vingt années passées derrière le bar du casino de Luxeuil-les-Bains, à réceptionner les musiciens, à s'inquiéter du confort de l'un, de la bonne arrivée d'électricité pour tous. Il avait connu les grandes années des petits casinos, les Trente Glorieuses, et quitté le secteur avant le grand creux des années 1980 et le sauvetage *in extremis*, dans la décennie suivante, avec les machines à sous, pièges à pauvres et à allocs.

Dans le petit café central de Luxeuil, où il m'avait donné rendez-vous, le vieil homme avait les larmes aux yeux. Piaf et Brel, il les avait vus, il les avait entendus, il les avait touchés – et mieux que tout : il les avait servis. C'est sans doute pour eux qu'il pousse à son tour la chansonnette, lui que sa petite ville natale surnomme l'Aznavour de Luxeuil. On se chamailla là-dessus, Brel ou Aznavour, il avait un faible pour le second, pas moi ; et on rigola sur les prises de bec des deux à propos du fric et du show-biz (Brel : « Je vais me faire engueuler par Aznavour si je dis ça, mais je crois que les chanteurs ont demandé beaucoup trop d'argent, je crois que tous ces métiers-là tirent beaucoup trop de profits, alors qu'il faut bénir le ciel tous les matins parce qu'on arrive à faire quelque chose qu'on aime et qu'on arrive à en vivre, n'est-ce pas… »).

Au café, l'ancien barman du casino me tendit un CD fabriqué maison, « Serge Cholley, un après-midi au Frichet », du nom de la salle des thés dansants de la station thermale. Piste 14 attendait *La Fanette.*

– Ce soir-là, je n'ai vu que Jacques Brel sur scène ! Les musiciens, je les ai pas vus. Mais lui, mais lui ! Sur l'estrade, avec son costume bleu pétrole, un peu luisant… Je ne vois que lui ! Moi j'étais derrière mon comptoir, je ne vous dis pas, au garde-à-vous. Le podium n'était pas très grand, disons quatre mètres frontal sur un mètre cinquante de profondeur. C'était exigu. Les musiciens se cassaient la tête pour s'installer. Dans la salle, on faisait peut-être même quatre cent cinquante personnes en serrant fort, en serrant bien. Devant le podium, il y avait un petit espace vide pour le « dancing ». Aux deux premières rangées autour de la piste, c'était champagne obligatoire. Une sorte de sélection. De sélection par l'argent. Je dressais les petites tables. Ceux qui payaient du champagne, c'était forcément des gens bien élevés, qui n'allaient pas faire de grabuge, pas saccager les récitals…

Les musiciens sortent leurs moustaches
Et leurs violons et leurs saxos
Et la polka se met en marche
Dans les jardins du casino
Où glandouillent en papotant
De vieilles vieilles qui ont la gratouille
Et de moins vieilles qui ont la chatouille
Et des messieurs qui ont le temps

Les Jardins du casino

Brel est déjà vedette quand il se produit à Luxeuil. Il est payé au contrat, pas aux entrées, et son agent, un Marouani, se désole : Brel tient à ce que le prix des places soit le moins élevé possible. Pire : le poulain, souvent, se produit gracieusement chez les vieux, chez les malades, chez les abandonnés. Des galas gratuits, où il se donne comme à Paris (*Ce soir, comme chaque soir / Nous refaisons nos guerres / Tu reprends Saint-Nazaire / Je refais l'Olympia*), à fond mais en retrait, l'après-midi, sans photographe, ni presse, ni caméra, sans que l'on ne sache toujours bien laquelle des deux représentations (l'officielle, la discrète) sert de répétition à l'autre.

★

« J'ai chanté presque vingt ans. Et avant chaque tour de chant, j'ai vomi, et j'ai vomi de peur. Parce que ça fait vomir, la vraie peur. Et quand j'avais deux matinées et une soirée, j'ai vomi trois fois... de peur. Si on n'a pas peur, c'est qu'on n'aime pas. Quand on se met tout nu devant une dame pour la première fois, un homme qui n'est pas mort de trouille, c'est qu'il n'aime pas la dame. »

★

Au casino de Luxeuil, Brel avait fait du Brel, déluge sans répit, la silhouette mal foutue, les dents chevalines, les *yeux mouillants* et *ses bras* [qui] *vont jusqu'à terre*, et ses mains qui s'agitent malgré *Mathilde* (*Et vous mes mains, restez tranquilles*). Les mots de Serge étaient précis, c'était le *maintenant* de sa vie. En l'écoutant, je repensais à ce que Brel, interprète bien plus que chanteur, avait décrété : si son corps n'aidait pas ses textes, ses textes ne seraient que des « petits trucs écrits, plus ou moins habiles, plus ou moins adroits, plus ou moins ratés, avec une petite musique ». C'étaient bien ses poignes qui donnaient vie à ses chansons, et non l'inverse. Elles le délivrèrent comme elles libèrent nos imaginaires. La gestuelle des *Bonbons*, c'est celle d'un salaud. *Jef*, celle d'un ami. *Amsterdam*, celle de marins ; *Amsterdam* qui restera à jamais non enregistrée en studio, tant la version Olympia donnait toute la puissance de Brel, sa dé-mesure parfaite.

★

« Il est là Jef. Il est assis là tous les soirs dans ma pauvre tête quand je chante. Jef il est là. Il a 50 ans. Il a vieilli, il a molli, il a dégouliné en réalité. Il a peut-être été très bien, il a eu plein de rêves dans la tête, comme tout le monde. Et puis, ça n'a pas tellement marché pour lui, on ne sait pas pourquoi. Lui non plus ne sait pas pourquoi. Il appelle ça la malchance. Et puis on sait bien que c'est pas la malchance, c'est autre chose. Il est là, il est gros, il a 100 kilos. Il a un peu trop de graisse. Il est pas joli mais il est attendrissant. Et tous les personnages, tous les soirs quand je les chante, mes petits personnages, tous les soirs ils sont quelque part dans Bruxelles ou en Belgique quelque part. »

★

« Il faut savoir qui on est. Où on est. Dire : "Adieu Émile je t'aimais bien", où on est quand on dit ça. Parce que si on est assis, couché, même si on ne le dit pas aux gens, il y a un ton qui est différent. Émile, il faut qu'on sache quel est son visage. Une fois que le décor est planté, on écrit en général la chanson assez facilement. Il faut savoir où on est, qui on est. »

★

Cinquante ans après le concert, Serge était intarissable. Il se rappelait du moindre détail, du moindre geste, du moindre regard. Dans le petit café, ses souvenirs devenaient l'attraction du jour. Luxeuil avait le charme fou de ces villes qui ont été majestueuses, et qui ne sont plus que gris. La légende raconte que la ville repose sur un volcan, d'où l'eau de ses thermes va puiser les minéraux qui font du bien aux rhumatismes. Luxeuil, c'était ce que Vesoul n'avait jamais été, c'était Vesoul en plus petit, mais en tellement plus classe, garantis vestiges romains et charmes Renaissance ; et aujourd'hui, toute grise et toute décatie, plus encore que sa grande sœur, prête pour l'embaumement. Toute la clientèle de l'établissement faisait mine de ne pas nous entendre, mais écoutait Serge avec ferveur. L'ancien barman l'avait compris avant que je ne lui fasse la remarque. Cholley avait du métier :

– Depuis la petite scène, Brel crachait partout. Si vous étiez au premier rang, vous étiez aussi mouillé que lui. Il postillonnait beaucoup, mais alors beaucoup. C'était sa façon de chanter, la bouche toujours ouverte. C'était un fauve, quand il chantait. Un fauve ! Il vous entraînait dans le truc. Et son truc, c'était : on embraie, on embraie !

★

« C'est une course de taureau, un tour de chant. C'est exactement la même chose. Mais c'est pas une mise à mort, c'est une mise amour un peu. Mais c'est un peu la même chose. Une course de taureau c'est réglé, de A à Z. Tous les gestes, on sait qu'on doit les commettre, qu'on doit les poser. Un tour de chant, c'est la même chose. On entre, le taureau c'est la salle. Au lieu de le tuer, on veut lui dire "je t'aime", mais on le dit sur le mode le moins impudique possible et on essaie de provoquer quelque chose. Et tout le monde a sa chance. Les chansons sont là comme les actes de la tauromachie. On les improvise tous les soirs. Et il y a des soirs, le plus souvent, quand ça ne marche pas, quand la mise amour ou la mise à mort n'est pas belle, bien sûr c'est souvent la faute du taureau, c'est souvent la faute de la salle. Mais c'est souvent aussi la faute du torero parce que ce jour-là il est trop petit. Il n'y arrive pas. »

★

Sur la scène du casino, comme sur n'importe laquelle, Brel n'a ni le temps ni le goût pour la gaudriole, il ne livre pas la moindre anecdote entre ses chansons, ses musiciens couvrent les applaudissements, la scène est une arène, un ring, la scène est un lit.

★

« Si l'acte d'amour n'est pas suivi d'un énorme épuisement, c'est qu'il n'y a pas d'amour. Et un tour de chant, s'il n'est pas suivi d'un énorme épuisement, c'est peut-être qu'on fait admirablement un métier, mais c'est sûrement qu'on ne les aime pas, les gens, les autres… »

★

Au jeune journaliste sportif Michel Drucker, Brel trouve les seuls mots que le chroniqueur comprend : il perd 700 grammes par concert, même Anquetil et Jazy ont salué la performance. « Sur scène, il est enfin vraiment libre de faire ce qu'il veut », écrira Brassens, dans le programme donné lors de la tournée d'adieux de son ami, en pleine gloire, en 1966-1967. Brel est comme Vince Taylor, son contemporain : il emporte tout sur son passage, l'Anglais avec sa *Jezebel* et son rock'n'roll furieux ; le Belge avec sa *Frida* et sa belgitude frileuse. C'est le choc du moment : Brel, qui ne jure qu'en Don Quichotte et en Ravel, saisit mieux que personne l'enjeu du monde moderne.

Il faut faire le spectacle, pour mieux l'anéantir.

★

« Faire semblant de partir et de revenir en chanter une autre ça s'appelle un faux rideau, en termes du métier. Et c'est un mot qui m'horripile. Parce qu'il y a le mot "faux" dedans. Pas à cause du mot "rideau". En réalité c'est calculé ces choses-là. Je considère que c'est un petit manque de dignité vis-à-vis du public. Le public mérite d'être traité comme un adulte. Et on ne joue pas au public avec "fais le beau et t'auras un sucre". Le tour de chant, c'est beau, il y a vingt chansons ou vingt-deux ou quinze. Et puis, après, c'est fini, on a raconté ce qu'on avait à raconter. Ce n'est pas quinze chansons ou vingt chansons, c'est une histoire qu'on raconte en vingt couplets. Une pièce qui dure une heure et quart, on n'imagine pas un rideau dix répliques avant la fin. »

★

J'avais une surprise pour Serge Cholley. Il fallait pour cela quitter le café et nous rendre plus haut dans la ville, au casino. Serge n'y avait pas mis les pieds depuis des lustres. Vous êtes sûr que c'est une bonne idée ? me demanda-t-il. Le nouveau directeur du casino nous attendait. Un type sympa, lambda, un manager de chez JOA (pour Jouer, Oser, s'Amuser), troisième opérateur de salles de jeux d'argent en France. L'intérieur du casino transpirait les années 1980, du violet, des strass, Serge ne reconnaissait rien, le podium avait, comme de juste, disparu ; à sa place, des machines à sous faisaient sonner des promesses non tenues, elles avaient des noms américains, Gold Reels, My Cousin Vimy. Une nouvelle caisse avait supplanté l'ancien comptoir. Malgré tout, Serge ne boudait pas son plaisir. Il flottait sur la moquette, allant d'une pièce à l'autre, d'un souvenir au suivant :

– Et quand Brel a fini son concert, il est passé là, devant le comptoir où j'officiais, et il m'a dit « deux Perrier ». À l'époque, la loi obligeait les gérants de casino à vivre sur place. Et on avait fait installer Monsieur Brel dans le salon de la direction, à l'étage. Parce que les loges étaient un peu rustiques pour lui. Je suis donc monté avec mes deux Perrier, tout fier, pour servir mon idole, parce que j'ai pleuré, je vous dis pas combien de fois j'ai pleuré sur Jacques Brel, *Quand on a que l'amour*, *Amsterdam*, ça s'oubliera jamais, ça. J'ai pris l'escalier, et je l'ai vu : il n'avait plus de chemise, il n'avait plus sa veste, il avait juste gardé ses pantalons. Sa chemise et sa veste étaient là, sur une chaise, devant lui, mouillées mais alors trempées, mouillées. C'était rendu des chiffons. Et derrière moi montaient le notaire de la ville, il s'appelait maître Girardot, avec son épouse. Le directeur du casino leur avait dit : « Si vous voulez rencontrer Monsieur Brel, il est dans mon salon. » J'ai donc le notaire Girardot derrière moi, et quand il arrive, il dit : « Ah ! Monsieur Brel ! Quel talent, quel talent ! À côté de tous ces jeunes… » Le notaire cherchait ses mots, et Jacques Brel a dit : « Enculés. » Ça, c'est du vécu. Excusez-moi, monsieur Dufresne, c'est pas moi, c'est Brel.

Le manager du JOA nous interrompit :

– Ça vous dirait de monter ?

Derrière la porte qui menait à l'eldorado, rien n'avait changé. Ni le carrelage bicolore au sol, ni la rampe grise, ni l'escalier de béton. Serge tremblait de joie. À l'étage, c'était une autre affaire. Le salon des Corses était devenu un quelconque bureau ; et le coin, où Brel avait déposé veste et chemise, transformé en salle des « affaires périphériques du casino », entre fontaine à eau et photocopieur.

– Et comment a réagi le notaire ? demandai-je.

– Je ne me souviens plus bien… J'étais redescendu parce que je n'avais pas lieu de rester là, j'étais juste serveur. J'ai jamais su si Brel avait dit ça pour se moquer des « yé-yé » ou des notaires, ou des deux… Allez savoir. Parce qu'il les a servis aussi les notaires, hein ? *Faut vous dire, Monsieur le Commissaire !* Vous connaissez ? Faut aussi reconnaître qu'à l'époque, les « yé-yé » faisaient du tort à toutes ces vedettes établies, les Jean Ferrat, Aznavour, Brel…

★

> « Un type qui revient du bureau ne se met pas au lit tout de suite. Moi, c'est pareil. »

★

– Mais ce n'est pas tout, dit Serge. Monsieur Brel a fait une chose que j'avais jamais vu faire : c'est le seul artiste qui soit redescendu au dancing après son gala. Les artistes, quand ils avaient terminé leur concert, partis. Pas lui. C'était d'autant inédit qu'à l'époque, on était dans le respect de l'artiste. On n'aurait pas osé l'interpeller, même prendre une photo. On était dans la discrétion et dans l'admiration, enfin, c'était mon cas. Et voilà qu'à chaque fois que Brel arrivait à une table, les gens l'invitaient : « Qu'est-ce que vous prenez ? », il répondait : « Scotch ! » Et je le servais. L'hôtesse du casino faisait danser les gens jusqu'à 3 ou 4 heures du matin. Danser, tous les soirs, sept jours sur sept. Pendant vingt ans, j'ai travaillé comme ça, d'avril à septembre, pas de congé, pas de mariage… Et je revois Monsieur Brel, il allait de table en table parler aux gens…

Compagnon de Brel, son pianiste, François Rauber, avait su résumer mieux que personne la conduite du chanteur : « Si vous rencontrez dix mille personnes en France qui vous disent :

"Brel, je l'ai bien connu", ce n'est pas faux ! Jacques adorait connaître tout le monde et refaisait le monde jusqu'à 4 heures du matin. Quand on arrivait dans une ville, il commençait par demander quel était le lieu qui fermait le plus tard. Parce qu'il ne commençait à vivre qu'après être sorti de scène. On allait dans les endroits encore ouverts. Et là, il rencontrait du monde. Il y avait évidemment des fans, des gens qui avaient envie de le voir. Il refaisait le monde et il racontait ce qu'il fallait, ce qu'il ne fallait pas. Il donnait des conseils dans des domaines où lui-même avait pédalé dans la semoule, mais il était certain de donner la bonne parole et tout le monde repartait, persuadé d'avoir été réconforté. »

★

> « C'est très difficile de dire aux gens qu'on les aime. Ce mot a tellement été pillé, détruit, enfin… il ne veut plus rien dire exactement. Et puis je n'y arrive pas. J'arrive à me le dire. J'arrive pas bien à leur dire. Alors parfois j'écris des chansons qui me paraissent bien des chansons pas d'amour, des chansons de cette sorte d'amour qui me tient debout finalement dans la vie. Et je m'aperçois que les gens disent : "Oh ! Que c'est pur ce que vous écrivez !" Alors que c'est juste de la tendresse sans sanglots. De la tendresse, de la tendresse basée sur la douleur. C'est une réponse à un cri que les gens ne poussent même pas mais qu'on ressent. »

★

Nous avions beau être un jour de semaine, un jour maussade, le parking du casino était bondé. Je pensais à ce que Serge et moi avions laissé à l'intérieur, cette foule molle de joueurs, qui perdaient jeton après jeton, illusion après illusion. Une infinie tristesse sortait de cette clinique de l'ennui, malgré sa belle façade Art déco. Même la roulette était électronique, le monde de Serge avait fondu, mais lui restait alerte, et heureux.

Il était temps d'aborder *Vesoul*, la chanson. Serge était pour ainsi dire un témoin oculaire, un souvenir de premier plan. Je devais savoir.

Serge s'élança, comme libéré.

– Je me doutais que vous étiez venu pour ça.

Il sourit.

– Il y a trois explications, d'après ce que je sais. La première, selon certains, Brel aurait voulu punir les Vésuliens parce qu'il n'y avait pas eu de monde à son premier passage sur Vesoul, avant de venir ici, au casino de Luxeuil. Aucun succès, rien.

J'étais surpris. J'avais lu une bonne vingtaine de biographies sur Brel, aucune n'évoquait le moindre concert à Vesoul même.

– Vous êtes sûr de ça ? tentai-je.

– Je vous raconte ce que j'ai vu, dit Serge. Donc, les Vésuliens disaient : « Oui, bah, il nous tourne en ridicule parce qu'il a un ressentiment envers nous… »

– OK, et la seconde explication ?

– Tout l'inverse : Brel aurait fait *Vesoul* en guise de remerciement aux Vésuliens, qui l'avaient aidé à atterrir. Il avait promis : « Je ferai quelque chose pour Vesoul. » C'était un beau cadeau ! Vesoul a pris de la notoriété avec cette chanson.

– Et la dernière ?

Serge boutonna sa doudoune rouge, comme pour dire non.

– Je peux pas, je suis désolé…

Et il partit dans un éclat de rire, me laissant avec mes doutes sur le parking.

VII

– Madame, ça vous dit, des cours de cuisine ?

Dans la galerie marchande du Cora, la voix n'était pas du coin. Elle n'avait pas la rudesse de l'accent des gens d'ici, ni la mollesse de ceux de Paris. C'était une voix de rien, une voix de télé, une voix passe-partout, qui s'arrête en l'air, aussi gaie que béate.

La passante :

– Des cours de cuisine ? Pas du tout !

Ce qui m'avait amené ici, à la lisière du centre-ville, c'était ce conseil que Yannick Denoix, un amoureux de Vesoul, m'avait prodigué :

– Si vous voulez connaître Vesoul, allez au Cora le samedi.

Entre deux anecdotes, et la découverte d'escaliers cachés qui semblaient vouloir grimper jusqu'à la Motte, la colline qui veille sur la cité, le guide m'avait indiqué le chemin pour me rendre au Cora. Le plus bucolique était de couper à travers le joli jardin anglais avant de déboucher sans prévenir sur la rocade.

Le Cora. Un monde. L'enseigne, qui avait longtemps constitué le point de passage obligé des fins de semaine de Vesoul, voyait son règne mis à mal par plus grosse qu'elle, quand Leclerc avait ouvert une succursale flambant moderne, avec McDo et compagnie, un peu plus à l'écart. Depuis, la déprise avait touché le Cora, comme elle a grignoté le centre-ville. Déprise, un mot nouveau pour un mal nouveau. Au moment de quitter la France, j'avais vu la gangrène atteindre le moindre village, la moindre ville moyenne. Les rideaux de fer, les annonces « à louer » de poussière, et Poujade qui perdait définitivement la bataille – du commerce, mais pas des esprits. Des études savantes allaient jusqu'à décrypter le rapport direct entre désertification des centres-villes et vote FN. Magasins vides, échoppes fermées, vitrines sales, Vesoul Ville ne dérogeait pas à la dure loi des grandes surfaces. Mais la véritable nouveauté, c'était ça : la déprise s'était déportée du centre vers la périphérie, et gagnait désormais Cora, et bien des supermarchés eux-mêmes. À Vesoul comme partout, les loups se bouffaient entre eux et laissaient des cadavres de plus en plus encombrants. Chaque Cora Drive, chaque Leclerc Drive, chaque Carrefour Drive étaient autant de clous nouvelle manière enfoncés dans leur cercueil.

Dans les allées du Cora, deux hommes tentaient de repousser la mort lente du lieu. L'un en tablier de cuisine ; l'autre en VRP. Ils se tenaient devant quatre tables, parfaitement dressées, avec des ustensiles en plastique, une balance, des plaques individuelles en vitrocéramique, des planches à découper, trois ananas, du chocolat, deux fleurs en plastique et des panneaux en carton « La Fabrique de pains d'épices, quatre ateliers culinaires ». Des panneaux sans date, juste des horaires fixes : faut que ça resserve, me dit Vivien, le VRP, qui allait se révéler le chef du duo.

La voix du cuisinier s'élança à nouveau :

– Bonjour la jeunesse ! Bonjour mes petites beautés ! Un cours de cuisine, ça vous dit ? Quoi ? Vous n'avez pas le temps ? Comment se fait-ce ?

Et les demoiselles de pouffer au jeu de mots vaseux, lui de soupirer de ses propres soupirs, et les Caddie de passer sans un égard. Personne ne reconnaissait le gars, son nom s'étalait pourtant dans la galerie marchande, et dans les encarts publiés dans *L'Est républicain* : « Venez à la Fabrique de pains d'épices dans votre Supermarché Cora, avec notre chef Benjamin Kalifa, ex-Top Chef. »

– Et dire qu'il y a cinq ans, tout le monde me prenait en photo, riait Benjamin. Et maintenant… personne ne me reconnaît !

★

> « Les chansons satiriques sont bien plus difficiles à faire que les autres. Parce qu'il faut posséder un sujet. Faire de la poésie, c'est finalement écouter. On écoute une espèce de rumeur qu'on a en soi qui est provoquée par la pulsation du cœur, les secousses de la matière grise. C'est facile, il suffit d'être réceptif. Mais pour faire une chanson satirique, il faut faire un dossier. Il y a un travail de juge de paix. Ça doit être étayé, solide. Or, en général, si on a le sens du mot qui peut être un peu violent, on manque très souvent de documentation parce qu'on n'a pas l'esprit tourné à ça. C'est pour ça que c'est plus difficile à faire. Enfin, dans mon cas, c'est ça. »

★

Vivien, le VRP, m'expliquait. Le pain d'épices, c'était une « OP Cuisine », comme ils font des « OP fête des Mères », des « OP fête des Pères », des « OP Seniors », des opérations Bons d'achat, de voyages, de réduction. C'était mettre un peu d'animation pour rattraper le chaland, tenté par la concurrence.

– Il nous faut un animateur qui fasse rigoler. Ça fait des années qu'on zone de ville en ville, une trentaine en tout, Cambrai, Caen, Limoges, Moutiers, Metz, tout Cora, mais pas seulement. Et quand j'ai dit à Benjamin : « Vesoul, c'est Brel ! » il savait pas, le malheureux !

Je les regardais lui et Vivien, sincères et désabusés, à la fois vrais dans une situation fausse, naturels dans un décor factice et une sono insupportable qui débitait sa musique au kilomètre et ses discounts en rafale. Benjamin m'égrenait ses batailles : *Top Chef, Loft Story, Pékin Express, Les Anges de la téléréalité 3, L'Île de la tentation*, j'avais devant moi un pur produit de l'époque. Ou plus exactement la version moderne de ce qui explosa à la fin des années 1950, au moment où Brel explosa : le marché adolescent. En France, ce fut le yé-yé, dont Brel était le parfait négatif. On l'appelait d'ailleurs comme ça, par son nom, Brel, quand les autres étaient Johnny, Sylvie, Eddy. Une concomitance qui expliquait peut-être la folie Brel. Quand les fans de Johnny cassaient les fauteuils de l'Olympia, lui avait trouvé la meilleure parade possible (seul à accepter de passer après l'idole des jeunes) : il brûlait ses planches.

Entre deux « OP », Benjamin vivait de ses cours de « coach de cuisine » à Paris, des clients plutôt aisés qui s'offrent ses services le temps d'une soirée entre amis. Il me racontait un projet plus vaste, loin de Vesoul, et même de Paris.

– J'ai eu ma *Green Card* en trois mois. Une dérogation pour « talent extraordinaire », c'est comme ça qu'ils appellent le procédé ! Je me barre à Miami.

★

> « Jacques Brel, vous avez vu grandir votre nom. Lorsque vous traversez Paris, vous vous heurtez à votre visage sur des affiches…
> – Ça n'a rien à voir ! Il faudrait être singulièrement abruti pour y attacher une ombre d'importance. Parce que tout type qui commence à chanter, il est une vedette. L'étonnement ce n'est pas de s'apercevoir un jour qu'il l'est, mais de s'apercevoir pendant dix ans que les autres ne le savent pas. »

★

J'ignorais ce qui était le plus prégnant chez Benjamin. Sa candeur ou son opportunisme ? J'aimais le regarder, seul, perdu, sortant son téléphone pour skyper à tout-va, tentant de trouver du réconfort chez des amis. J'aimais cet instant où le cynisme cédait à l'autodérision. Il était l'inconnu célèbre, le quart d'heure de gloire prophétisé qui s'était accompli dans un néant terriblement excitant. Benjamin était frénétique, comme l'époque.

Une femme s'approcha enfin du stand.
– C'est gratuit ?
– Oui.
Et la voilà qui part avec une plaque de cuisson.
– Putain, la *loose*, dit Benjamin dans un grand éclat de rire. Madame, madame… C'est le cours qui est gratuit, pas les plaques !

Vivien commençait sérieusement à être désolé. Il recevait des appels des autres Cora, ça marche pas fort, ils disent. Pas un client, pas un apprenti. Benjamin me demanda de faire le baron, comme au bonneteau, le faux joueur, le faux client. Un truc à lui :
– Toujours faire monter la sauce ! Principe de base !

Ce soir comme tous les soirs
Je me rentre chez moi
Le cœur en déroute
Et la bite sous l'bras

Knokke-le-Zoute Tango

Enfin, un adolescent s'amena. Lui, il voudrait être Benjamin Kalifa. Il voudrait être cuisinier. Il suivait des cours pour ça, au collège de la ville, le Jacques-Brel, de l'autre côté de la rocade. Son prof est ancien cuistot au restaurant de la tour Eiffel.

– Qu'est-ce que vous venez vous enterrer dans un bled comme Vesoul ? demanda sa mère, heureuse de l'activité gratuite. Et je peux vous laisser le p'tit frère aussi ?

– Mais bien sûr, dit Benjamin. On va faire une p'tite *battle* ! Une *battle* à Vesoul !

Cette fois, Vivien s'était mis à plier bagage pour de bon et commençait à pousser ses caissons, des voyages à roulettes marqués *Ibiza Sound*. Vivien n'en pouvait plus. À côté de moi, le jeune apprenti se concentrait comme si la télé était là, comme si sa vie était en jeu, allait-il rester la semaine suivante ? Benjamin le motivait, lui montrait des petits gestes de cuisine, le gamin était aux anges, allez, fonce, mon gars, *chauffe, Marcel* ! Chauffe !

– Bon, bon, dit Benjamin, c'est fini maintenant... C'est l'heure de la dégustation.

– Pardon, hésita le gamin... Mais...

– Allez, on déguste !

– ... C'est que j'aime pas le chocolat, Benj'. Et le tablier, je peux le garder ?

VIII

La Golf sans âge était venue se garer au pied du camion vert, place Jacques-Brel. Il était tard. Christophe avait juste lâché :

– Comme d'habitude ?

Et le conducteur de simuler un signe de tête ; et encore, un mesquin, un geste de rien du tout, un geste de dealer à la petite semaine, du Netflix frelaté. L'homme restait ostensiblement assis dans sa voiture, le volant pour trône, à changer de musique comme un fou, le son toujours plus poussé, et à écraser clope sur clope. Il tenait à ce qu'on le remarque, et il tenait à ce que ça se passe selon ses codes : sans un regard pour nous. Ses liasses de billets de 10 et 20 euros, parfaitement roulées, ne laissaient planer aucun doute. Il puait le *shit*, et l'ennui.

À son départ, en trombe, comme pour épater le désert de la place, Christophe haussa les épaules.

Pourtant, il nous reste à tricher
Être le pique et jouer le cœur
Être la peur et rejouer
Être le diable et jouer fleur
Pourtant, il nous reste à patienter
Bon an mal an on ne vit qu'une heure

Pourquoi faut-il
que les hommes s'ennuient ?

– Aujourd'hui, à 12 ans, ils sont en ville, ils ont la clope au bec, la canette à la main… C'est leurs grands frangins ou je ne sais qui, qui leur achètent… Moi, je vois des minots, là-bas, au Jacques-Brel… Quand ils sortent du collège, ils se mettent sous l'arrêt de bus, et ils fument leur pétard. À 11-12 ans ! Ça me fait chier parce que… parce que c'est perdu d'avance pour eux. Des fois, je descends de mon camion, et je dis aux petits : « Tu fais quoi, là ? – Eh, je fume, machin, t'es qui toi ? » Je dis : « Oui, je connais ton frère. Si t'écrases pas ta merde, là, je l'appelle. » Bien sûr, ça ne va pas les aider, ils avanceront, ils iront recommencer plus loin, mais quand même…

À présent, Christophe avait arrêté son ballet. Il ne virevoltait plus dans son deux mètres carrés, il était comme épuisé, les platanes de la place l'attendaient. Il pouvait souffler, et s'abriter. La radio de sa pizzeria ambulante égrenait des tubes qui n'étaient pas les siens, du rap pour plaire aux jeunes du quartier, comme un signe qu'ils étaient chez eux au Camion vert.

– Ils sont mineurs, tu comprends, ils risquent rien. Et les grands en profitent, ils leur demandent d'aller chercher la drogue chez leur grossiste : « Tu vas chercher ça, je te file 50 balles »… Ils risquent rien ; un gosse de 10 ans, les flics le ramassent, qu'est-ce qu'ils vont faire ? De toute façon, il y a longtemps qu'ils font plus peur, les flics. Les gamins connaissent mieux le Code pénal qu'eux ! Je te jure…

★

« L'espérance ou le désespoir, je n'ai jamais su ce que ça voulait dire. Enfant, je m'inventais un monde qui me suffisait. J'étais seul. Et les rêves que j'essayais de communiquer se heurtaient à des chiffres ou des raisons d'État. Des raisons qui n'étaient pas les miennes. Donc je devais me débrouiller tout seul. C'est morose, et je suis ravi d'avoir eu une enfance morose. Ça doit être abominable d'avoir eu une enfance heureuse. »

★

Le corps du cuisinier pouvait faire pause, son esprit fusait. Christophe était en roue libre, entre équilibre précaire et colère sourde. Il disait avoir juré devant témoins que, s'il le fallait, il mettrait une bombe dans son camion, pour tout péter, parce que tout doit péter, c'est moi qui ferai le départ, je l'explose, le bordel. Christophe avait commencé, l'année d'avant, par passer au feu sa carte d'électeur. J'imaginais le bout de papier partir en flammes, dans son four à bois, ici, place Jacques-Brel, au milieu de Vesoul et de nulle part, deux secondes d'éternité pour rien, simple et suprême satisfaction de solitaire. Combien étaient-ils dans ce quartier à penser comme lui ? Combien ne croyaient plus en tout ça, toutes ces électoraleries, ces vies par procuration, toute cette politique qui ne se faisait plus sans eux, mais contre eux ? Sarkozy, Hollande, Macron, Christophe les rejetait viscéralement comme il se sentait rejeté par eux. Œil pour œil, dent pour dent, la loi du talion appliquée à la loi de la rue. Après sept ans d'exil, je retrouvais une France plus désabusée que jamais. Une cassure béante. À lui seul, Christophe incarnait l'abstention, la fin d'une République qui ne cesse d'agoniser. Après tout, sa nostalgie n'était pas plus mensongère que les promesses électorales. Elle avait même un mérite, qui aurait plu à Brel : la sincérité.

– Avant, la France, c'était un beau pays, on était un pays riche, on était riches… Même quand on n'avait pas de travail, on pouvait avoir un appartement. Maintenant, t'as pas de travail, pas d'appart ; pas d'appart, pas de travail. Et puis l'euro… je connais des gens, ils sont à 1 200 euros par mois : c'est du foutage de gueule. 1 200 euros par mois ! Mais les jeunes, ils ont… il vaut mieux aller faire des conneries, hein ?… Franchement, tu te réveilles le matin, t'as la gueule dans le cul, t'es crevé, tu vas te taper une journée dure pour 70 euros par jour ? Ça marche pas ! Avant, c'était 3 500 francs le salaire… Avec 300 francs, tu tenais 15 jours… Maintenant, sérieux, on fait quoi ? À l'époque, pour 1 000 balles de courses, on en avait pour un mois et demi, deux Caddie blindés. Avec Adeline, on habitait au troisième étage, on mettait une heure pour tout monter ; la bagnole était comme ça… à ras bord de sacs Cora… Maintenant, va voir les jeunes… Ils galèrent. Ils ont 20 ans, 25 ans, 30 ans, et ils n'ont rien… Et dans tous les quartiers de France, c'est la même : les présidents s'en tapent, des gens… Qu'ils soient étrangers, français ou je sais pas quoi… C'est comme si demain, on te dit : « Tiens, tu habites là, et tu te démerdes. » T'as pas de repères, t'as rien, c'est dur de sortir de là-dedans… Tu veux que je te dise ? Aujourd'hui, il n'y a que les riches qui sont riches.

Une poussette stoppa Christophe dans son élan. Elle était arrivée par l'entrée nord de la place, tenue par une toute jeune femme, escortée de deux adolescentes à peine moins âgées. Au loin, les silhouettes semblaient glisser sur le bitume, pas un bruit, pas une voix, pas un téléphone, les jeunes femmes marchaient en silence, comme les ombres hassidiques de mon ancien quartier de Montréal. Prisonnières de miradors invisibles. Arrivées à notre hauteur, leur silence se fit sourires gênés, et toujours aucun son, à peine un murmure de bonsoir.

– Tu vois, ça, c'est des jeunes que j'ai connues toutes petites, dit Christophe. La mère, je l'ai vue tout bébé, ses parents venaient avec elle dans la poussette… Ça fait bizarre. Maintenant, elle a un nourrisson. Avant d'être enceinte, elle travaillait, elle venait me voir au camion, elle me disait : « Je travaille, je suis contente. » Je lui disais : « C'est bien, faut bosser, faut pas lâcher », tout ça. Puis elle rencontre un mec, tac, tac, tac, et voilà… Bon, nous les gars, on est un peu machos… On peut tomber amoureux, hein, bien sûr, c'est la vie… Mais les femmes, elles, en fait, elles croient vraiment au prince charmant, elles se croient la princesse… Elles croient vraiment à une belle vie avec des enfants, avec une maison, elles rêvent vachement au cocon… Alors que nous, non… Nous, quand on est jeunes, c'est voilà : sortir, les copains, etc. Et c'est ce qui s'est passé pour elle. Le mec s'est barré, elle a perdu son boulot, et sa vie, ben… Parce qu'un employeur, maintenant, quand il va voir qu'elle a déjà un gosse à son âge, il ne va pas la prendre… C'est là que tu te dis, ça a quand même changé la France, c'est triste. Ça n'aurait jamais dû avancer si vite…

★

> « Le gars des *Bonbons* par exemple c'est horrible, c'est un monstre, ce type. Mais un monstre comme vous et moi. On est un peu des monstres. Il a un côté sordide parce qu'il a envie de se taper une gonzesse et fait l'effort de lui acheter des bonbons en sachant très bien que les fleurs ça serait mieux, mais s'il rate avec les fleurs, elles ne seront plus employables une seconde fois. Nous avons tous ce côté-là. Il y a une prudence du mâle en rut. Il est extrêmement prudent le mâle en rut. Il est prêt à toutes les compromissions et toutes les lâchetés pour se taper la gonzesse. Il vaut mieux en rire que d'en sangloter parce que c'est dans la nature des choses. »

★

Christophe commença par éteindre le feu, ranger les ingrédients, les ustensiles, les boîtes à pizza, puis il plia son tablier, un dernier coup d'œil, et ferma l'auvent de son Peugeot. Il était l'heure, il était tard, demain Christophe se lèverait tôt pour aller à son autre turbin, la fonderie :

– Si je bosse pas, je m'emmerde. C'est très physique, la fonderie ; en plus, moi, je suis au four. Je suis opérateur de fusion. Je prépare la lave, les liquides qu'on va couler dans les pièces. J'ai tout le kit : lunettes foncées, gants, masques, bouchons. Et il fait chaud : deux mille degrés à l'intérieur du four ! Quand on est à côté, quand il est en lave, ça crache, hein. On recule… C'est fatigant, à force, les deux… Les deux fours, on va dire. Ici, et la fonderie. Du coup, j'ai réglé ma clientèle au camion. Je l'ai baissée pour pas avoir à courir comme un lapin… En fait, ici, je n'y suis pas pour l'argent, mais parce que ça fait partie de ma vie. On s'attache à des choses de la vie comme ça… c'est… comme les grands cuisiniers, ils aiment ça.

★

> « Je fais un tout petit métier, je fais un métier d'artisan. Il se trouve maintenant que les chanteurs sont mieux payés que les forgerons. Mais en réalité, c'est un accident, un accident de la nature ça. […] Il n'y a qu'un seul problème, finalement. C'est de se réussir soi. Alors qu'on soit forgeron ou qu'on fasse des chansons… Je ne parle pas d'échec, mais il y a tout de même des lacunes invraisemblables. J'attendais mieux de moi, voilà. Je n'attendais pas de moi de plus jolies chansons, mais j'attendais mieux de moi. »

★

Au moment de se quitter, je posai, à Christophe, comme à tous, la question du rêve, si centrale chez Brel, question-répétition soulevée à lui-même comme à nous, la question du Far West (*Bien sûr tout ce manque de tendre / Il n'y a plus d'Amérique*). La réponse de Christophe sonna comme un couperet, terrible et terriblement sincère :

– À mon âge, on n'a plus de rêves. La route est tracée. J'ai le minimum, alors ça va. Oh, si j'avais 20 ans, je ne saurais pas quoi te dire…

Il verrouilla son camion, et ajouta :
– Si j'avais 20 ans, ça me ferait tellement chier d'aller bosser chez Peugeot. D'entendre les mêmes cons rabâcher le même discours, trente ans durant.

IX

– Allez en zone 30-01, ordonna la voix.
– 733, répondit l'opérateur dans son micro.

Un instant, et la voix du casque reprit, après ce qui semblait être un rapide calcul.
– 5, assura-t-elle.
– 5 ? OK, fit l'ouvrier.

Nous étions dans la *golden zone* de l'entrepôt nord, celui des *fast movers*, les petites pièces qui partent comme des petits pains, allée 30, casier 1. Le hangar était vaste comme une avenue, quatre cent quarante-huit mètres de long sur quatre cent trois mètres de large, légèrement plus imposant que celui du sud, dévolu aux grosses pièces celui-ci, six cent quarante mètres de long sur deux cent quarante de large. Entre les deux les séparait une ligne de chemin de fer, qui fut la Paris-Bâle, puis la trieuse de l'usine, avant que l'usine passe au tout-routier dans les années 2010 (et que le poste d'aiguillage serve de cimetière à de magnifiques trains de banlieue entièrement graffités, attendant leur désossement, unique – et sublime – touche de fantaisie en ville).

– 48, conclut la voix mystère.

Dans le silence menaçant de l'entrepôt, le *voice control* avait des allures de ce qu'il était : l'ouvrier était soumis à l'algorithme. Chaque nuit, les ordinateurs de chez Peugeot chauffaient et décidaient des pivotements des pièces détachées : du moindre sachet de boulons au plus grand pare-brise, du moteur neuf à l'enjoliveur dernier cri, du tapis de coffre aux filtres à huile. En fonction des carnets de commandes, de l'obsolescence des modèles de voitures, selon les saisons et les statistiques, le stock tournait – et la voix dictait. Au petit matin, les cars à fourches pouvaient obéir. Selon leur année, certains de ces petits véhicules proposaient une position assise, semi-assise, ou debout. Des *blue spots* indiquaient les marches arrière, fréquentes dans les allées titanesques.

Le plus imposant c'étaient les transstockeurs embarqués sur rails ; des étagères automatiques de huit mètres sur trente, faisant des travailleurs des Playmobil minuscules, seuls et silencieux. Les autres étagères, plus classiques mais aussi massives, pesaient des tonnes, des Meccano de toutes les couleurs, les couleurs Peugeot jaune et bleu, mais pas seulement, rouge, orange, gris. Chaque allée ressemblait à un parcours sans fin. Au loin, les portières de voiture volaient sous les néons, entre bains de peinture et tunnels de lumière ; elles étaient suspendues à des chaînes qui leur laissaient la liberté d'aller et venir, du moment qu'elles avançaient. Au sol, les marquages étaient pour la plupart usés jusqu'à la corde. Aux postes de *picking*, c'étaient les boutons rouges qui faisaient la loi.

C'est pas ma faute à moi
Les carreaux de l'usine
Sont toujours mal lavés
Les corridors crasseux sont les seuls que je vois

Il pleut

Sur la porte des UEP (unité élémentaire de production), je lisais les horaires de cette classe ouvrière dont tous les éditorialistes avaient annoncé la fin, convertis qu'ils étaient à la *start-up nation* du néo-président.

05 h 10 – 12 h 31
12 h 31 – 20 h 12
20 h 12 – 03 h 33

Durant des années, à chaque retour de Montréal à Roissy, j'avais aperçu ces couvertures des hebdomadaires qui répétaient à l'envi que les classes moyennes avaient triomphé des ouvriers, morts de la belle mort de l'industrie. Sous mes yeux, 140 hectares les contemplaient : leurs prophéties étaient à terre. Peugeot Vesoul, 20 % de l'emploi de la ville *intra muros*, barycentre parfait d'une Europe à l'ancienne.

Les lieux étaient aussi écrasants pour leur main-d'œuvre que cinglants pour les petits marquis de Paris. Ils me renvoyaient à ce que Brel avait refusé, après trois redoublements : la cartonnerie de papa, la Vanneste & Brel, à Anderlecht. Le jeune Brel avait bien dû concéder un oui, représentant en carton ondulé pour toute la Belgique, il aurait même découvert Paris à l'occasion d'un salon international du carton, avant de dire merde à la voix paternelle et à la voie toute tracée. Brel se lancerait dans la chanson, Jacques Bérel, d'abord, pour ne vexer personne ; puis sous son patronyme, par fierté, longtemps « recordman des chanteurs qui ne se vendent pas », selon la formule de son découvreur, Jacques Canetti. Des débuts de chien : quatre-vingts auditions vaines, une guitare imbécile qui l'encombre (« un meuble », dira François Rauber, son arrangeur), une fine moustache ridicule, des dents qui rebutent, et, à Pigalle, Les Trois Baudets qui le déprogramment au bout de quinze jours.

J'avançais dans le dédale des 250 000 références automobiles, flanqué de ma chasuble orange, celle des intrus, ceux qui ne travaillent pas ici, à l'inverse des Peug', tous en jaune. Je pouvais être n'importe qui, un ponte, un médecin, un inspecteur du travail, à coup sûr une menace qui provoquait crainte ou dégoût, ou les deux, selon les regards que je croisais ; et qui me faisait baisser le mien, de gêne.

On m'expliqua que des primes étaient prévues pour toutes les bonnes idées. Un déplacement de poubelles, la réfection d'un marquage au sol, la restauration d'une vieille machine à coudre pour confectionner la couture de cuir des leviers de vitesse, cela pouvait rapporter 30, 150 ou 1 500 euros, selon ce que la bonne idée pouvait rapporter à l'usine.

★

« On m'a trouvé une fonction, on m'a installé dans cette fonction. Je m'étais dit que c'était l'aboutissement, cette fonction. Le jour où j'ai découvert vraiment cette fonction, je me suis dit que c'était pas ça…
– Et à ce moment-là votre père voulait que vous fassiez… ?
– Du commerce, de l'industrie, des choses comme ça… »

★

Casiers, tables, briefings du matin, bilans du soir, l'anniversaire de monsieur l'opérateur, le mariage de madame agent de maîtrise, le pot de retraite du cadre, on m'expliquait à quoi servaient les UEP – certaines vitrées, d'autres nues. Au-dessus des îlots, Peugeot venait d'installer un système de *monitoring*, des écrans plats qui donnaient la météo de l'usine au gré des 3 x 8.

Un petit écriteau racontait comment il fallait lire les anticyclones.

Vert : rien à signaler.

Jaune : « La performance moyenne des opérateurs est comprise entre 95 et 100 %. Le moniteur réalise une analyse de la performance individuelle pour identifier les opérateurs en difficulté. » Temps de réaction : 5 minutes.

Orange : « La performance moyenne des opérateurs est comprise entre 90 et 95 %. Le moniteur vérifie le déroulé des missions des opérateurs en difficulté pour en identifier les causes et décider des mesures correctives immédiates. » Temps de réaction : 5 minutes.

Rouge : « La performance moyenne des opérateurs est comprise entre 85 et 90 %. Le moniteur contacte COES/CPTC pour vérifier qu'il n'y a pas de panne système. » Temps de réaction : 5 minutes.

À l'atelier pare-brise, un jeune homme explosait les cadences. Tout dans son attitude trahissait le stress maximal. Son regard, fuyant et furieux, était le prix à payer de notre monde. Il fallait aller vite, toujours plus, charger et décharger quatre cent cinquante camions par jour, satisfaire les clients. « Des *winners* du Tétris », comme on me les désigna, s'affairaient déjà à maximiser les cages grillagées qui finiraient avalées par les 35 tonnes, chacun horodaté à la minute près, en partance pour toute l'Europe.

★

> « J'ai refusé de savoir si le troisième aide-comptable me déteste vraiment ou simplement s'il a mal au foie. J'ai refusé cette bataille-là. »

★

À 15 h 51 tapantes, comme tous les jours à 15 h 51, un buzzer gronda dans l'usine. En un souffle, tout se figea. Des ouvriers sortaient griller une cigarette ; d'autres, découragés par la distance, s'allongeaient sur un carton et donnaient du *swipe* à leur téléphone. Tous incarnaient ce que la France ne voulait plus voir, et dissimulait si mal. De la chair à Front national, abandonnés de tous. Dans la région, le vote nationaliste est majoritaire. MA-JO-RI-TAIRE. Plus de 50 %, dès le premier tour.

Tandis que je terminais ma visite, à la télévision, se levait une armée de boursouflés pour commémorer 1968. Ils sentaient le froid et la mort. Ils avaient été, et cherchaient à consolider leur rente. Brel, qui avait timidement manifesté à l'époque, rejeta toute sa vie l'idée d'artiste engagé : « Quelle mauvaise éducation… Faut-il être sot et prétentieux pour croire que l'on a un message ! Les messages, ce sont les facteurs qui les portent. » Il me faudra trente ans pour admettre qu'il avait raison et que ses fables de rien disaient tout. Finalement, Brel nous posait la seule vraie et grande question : quel animal social voulons-nous être ; quel mirage réalisons-nous ?

Au-dessus des ouvriers de Peugeot, je remarquai des vestiges d'un autre temps qui jouaient à Big Brother – quand le patronat ne s'encombrait pas encore d'ergot-rotation ni de tapis antifatigue. Des panneaux immenses, suspendus, sur lesquels on lisait : « La sécurité, une action permanente » (panneau vert) ou « La qualité n'est jamais le fruit du hasard » (panneau rouge).

Les carreaux des usines
Moi, j'irai les casser

Il pleut

Face à l'usine, un cube gris, rose et marron m'intriguait, un ancien entrepôt de fenêtres, qui faisait son possible pour égayer le rond-point. Yannick, mon ami le guide, m'avait suggéré d'y aller à l'heure des braves, quand la nuit est au plus noir, quelle que soit la saison, quand les néons du Pétrin d'Élodie s'allumaient et que les premiers clients débarquaient sur le coup des 3 h 30. Ceux qui sortaient de l'usine, de l'autre côté du rond-point, et ceux qui embauchaient, et ajustaient leur blouson gris à manches Peugeot (rouge et bleu).

Le grand jeu, à la caisse de la boulangerie, était de deviner si c'était bonjour ou bonsoir qu'il fallait dire, la seule finalité étant d'aller dormir ou de passer le temps. Au fil des mois, j'y avais mes habitudes, au comptoir, en embuscade, à deux mètres de là.

Derrière Claude, la patronne joviale, on pouvait lire « Le sourire est le même dans toutes les langues ». Les ouvriers défilaient, souvent légers, parfois rieurs, rois du monde de la nuit (une intérimaire de 20 ans m'assurait que la nuit, on est bien, on est mieux) ; certains repartaient avec des viennoiseries de la veille, 3 euros la demi-douzaine de croissants ; d'autres prenaient quinze pains au chocolat ou en commandaient cinquante, pour fêter un départ de l'autre côté du grillage.

Traverser le présent en s'excusant déjà de n'être pas plus loin
Et fuir devant vous une dernière fois la pendule d'argent
Qui ronronne au salon, qui dit « oui » qui dit « non », qui leur dit « je t'attends »
Qui ronronne au salon, qui dit « oui » qui dit « non » et puis qui nous attend.

Les Vieux

Dans l'arrière-salle, le boulanger pétrissait la pâte, avec régularité et douceur. Avec les ouvriers, un regard entendu suffisait, on était entre travailleurs, les véritables, les manuels. Je le regardais faire comme j'aimais observer Mani, mon beau-frère, boulanger comme lui. Doigté et violence, parfois, quand il faut retourner la pâte d'un coup : leurs gestes étaient identiques. Un soir de fatigue et de lassitude – qu'est-ce que je faisais là, en pleine nuit, à Vesoul –, j'eus la révélation. Nos métiers étaient proches. Tout était dans la préparation, mélanger les ingrédients, recueillir les témoignages, pétrir les notes : tout était là. Écriture et cuisson n'étaient que le dernier stade de la manufacture.

Au coin *snacking* de la boulangerie, parfois, on parlait des chefs de l'usine qui avaient un peu trop gueulé dans la nuit, mais qui avaient raison finalement, question de sécurité. Les anciens racontaient que, merde, les cadences étaient à la hausse, et que Peugeot, c'était comme tout, c'était mieux avant, quand c'était familial, beaucoup plus souple, moins fliqué, quand le temps de douche était compris dans le temps de travail et que ces salopes d'heures fixes n'étaient pas imposées pour les pauses. Les plus jeunes rêvaient de CDI, de stabilité, ils étaient prêts à attendre des années pour ça – et le jour se levait. Au matin, les camionneurs de l'usine, des Roumains, des Espagnols, des Scandinaves, des Polonais, allaient pouvoir squatter le wi-fi, avant de sillonner l'Europe.

Vesoul, ville monde.

X

À la sortie de Vesoul, la route était immédiatement belle, boisée, verte. Les derniers contreforts jurassiens s'annonçaient, et le surnom de la Haute-Saône n'avait aucun sens : « Haute-Patate » ! Alors que depuis un siècle au moins il n'y a pas plus de pommes de terre ici qu'ailleurs, mais de sacrées collines, et une belle vallée de la Saône.

Au téléphone, il avait la voix d'un jeune homme ferme mais poli, discret et secret. Il ne disait pas Front national, il disait organisation. Il disait aussi que l'on pourrait se voir, mais chez lui, dans sa maison reculée au fond d'un lotissement rural, pas à Vesoul même où, de toute façon, la permanence du parti est fermée depuis belle lurette. Et puis, Maurice Monnier avait des journées bien remplies, et faisait assez de route comme ça.

Le chef départemental du FN commença par jouer aux devinettes.

– Vous croyez que je fais quoi comme métier ?

Son intérieur ne laissait rien transparaître, et son allure de sportif – bonne tête carrée, musculation respectable et T-shirt Fred Perry – n'affichait rien d'autre que son passage par Génération Identitaire avant de se notabiliser (« Électoralement, il n'y a que le FN », me dit-il). Son garage, par lequel on transitait pour entrer chez lui, recelait un indice, une moto. J'avais d'ailleurs commencé par ça, parler moto avec lui ; un moyen de briser la glace, un moyen d'*aller voir*, pas bien franc, mais relativement efficace. L'hypocrisie de celui qui fait parler ; le petit bout de discussion qui espère ouvrir sur mieux – chacun son mal nécessaire.

Mais ils sont arrivés et c'est à coups d'bâton
Que la raison d'État a chassé la raison
Car ils ont inventé le fer à empaler
Et la chambre à gaz, et la chaise électrique
Et la bombe au napalm, et la bombe atomique
Et c'est depuis lors qu'ils sont civilisés
Les singes, les singes, les singes de mon quartier

Les Singes

– Je suis douanier, sourit Maurice. J'ai des collègues qui sont d'accord avec moi politiquement ; d'autres, pas du tout… C'est pour ça que je pouvais pas trop en dire au téléphone…

On s'installa dans son jardin, bière fraîche et fauteuils confortables. Assez vite, Maurice Monnier débita son discours frontiste, calqué sur celui de la présidente du parti, un discours socialisant, en germe quand j'avais quitté le pays, un discours sans rapport avec celui de Le Pen père ; et qui aujourd'hui semblait avoir gangrené la France entière. Il ne parlait que de perte : perte d'identité, perte de sens, perte économique (« La Haute-Saône a tout perdu : textile, mécanique, agriculture ») pour en arriver à la perte des pertes :

– Ici, ce sont les perdants de la mondialisation.

Et si *aller voir*, c'était aussi ça ? S'ouvrir, même à l'adversaire. Se perdre dans les lignes arrière de l'ennemi ; aller à la recherche de l'autre, quel qu'il soit, où qu'il soit, dans un dancing de casino ou un lotissement moderne de campagne brisée.

Pour le cadre frontiste, la mondialisation commençait à Vesoul ; à l'écouter, Vesoul était la mondialisation même, et c'était la raison pour laquelle les scores moyens du FN y étaient sans commune mesure avec ceux, astronomiques, de sa périphérie. Maurice Monnier était posé, il ne surjouait pas, et cela signait la caractérisation de l'implantation du FN. Plus besoin de *détail*, plus besoin d'outrances, la situation lui était favorable, les boîtages, les quelques tractages, un ou deux pique-niques nationalistes par an, c'était juste pour ne pas perdre la main, tout jouait mécaniquement en sa faveur.

– Les perdants de la mondialisation, détailla Monnier, ce sont ceux qui vivent à la campagne, qui sont obligés de prendre leur voiture. On taxe le diesel comme jamais, et qui roule en diesel ? Les pauvres, les gens des campagnes. Et les radars, ça pénalise qui ? Les campagnards. Et l'augmentation de la carte grise ? Pareil ! Et à côté de ça, vous avez les grands centres urbains qui bénéficient de la mondialisation. À Vesoul, la règle est respectée : ils profitent du système, les gens ne votent pas pour nous. Et pendant ce temps, on est en train de laisser mourir nos campagnes. Plus de bureaux de poste, plus de gendarmes. Les gens ne voient plus d'uniformes. Quand on passe avec la patrouille des douanes, les gens se demandent ce qui arrive…

Je notais scrupuleusement ses paroles, comme pour me procurer un peu de force. Je m'accrochais aux raisons de ma présence, à ce qui m'avait amené ici, au fin fond de la campagne française : Brel. Les flamingants, l'extrême droite flamande, à qui le chanteur avait déclaré la guerre (deux fois : dans *La, la, la* et dans *Les F...*) me revenaient. Je me chantais intérieurement le terrible couplet de la seconde (*Nazis durant les guerres et catholiques entre elles / Vous oscillez sans cesse du fusil au missel*), pensées furtives avant de replonger.

Un vieil ami m'avait dit : « On fait un sale métier, mais on peut le faire proprement. » J'y croyais, comme je croyais à Brel, à sa façon de voir le monde, de s'y frotter, de nous raconter ses victimes, ses médiocres, ses imbéciles, ses lâches et, aimable bourreau, de nous faire rire de ces minables ; avant que notre rire ne vire au jaune et au gêné, quand la prise de conscience nous ramenait à notre propre indifférence.

C'était évidemment ici – dans la perspective du regard – le mur infranchissable entre la vision du chanteur et le constat du parti frontiste. Les deux étaient cruels mais quand Brel finissait toujours tendre, le second comptait les dividendes. Brel aimait trop les hommes pour ne pas s'en moquer ; le FN se moquait d'eux et n'aimait que lui et ses chefs. Sur le dernier album de Brel, le bleu, celui qui traînait dans le salon de ma mère, ce n'est pas *Jaurès*, seule chanson ouvertement marquée qui importait, mais bien *Les F...*, ne serait-ce que pour sa fin, qui sonnait comme un appel (*Je chante persiste et signe, je m'appelle Jacques Brel*), un appel à l'action.

Battons-nous, puisque nous sommes Brel.

Enfin, il y avait chez Brel l'appel du large, du grand large, cette constance à sauter les frontières et les peurs, avion, bateau, la route et les Marquises.

★

« L'homme n'est pas fait pour rester quelque part. Être figé, c'est une erreur colossale. Je suis parti parce que j'avais peur de vieillir trop vite. Trop vite vieux, trop vite mort… J'ai eu envie de partir chercher. Partir physiquement, à la recherche de quelque chose. Et ce quelque chose, je ne l'ai pas encore trouvé. »

★

Brel, Maurice Monnier me disait qu'il l'appréciait bien. Lors des réveillons du nouvel an, ou lors des fêtes entre amis, ici dans sa maison, il passait volontiers *Ne me quitte pas* ou *Amsterdam*. Il me disait que c'était immortel et que les jeunes, fallait pas croire, ils aimaient bien.

Dans une France que je retrouvais royalement droitisée, Monnier n'était décidément plus l'intrus des premières heures du FN ; il incarnait la boussole avec laquelle le pays semblait désormais s'orienter. Année après année, j'avais vu d'anciens amis sombrer, toujours à gauche, juraient-ils, mais tellement repliés sur leur petit CDI, leurs petites coteries, leurs grosses économies, et leur EasyJet pour Marrakech ou Marseille. La réaction avait conquis jusqu'à l'est parisien, et ses Rastignac modernes.

Je demandai à Monnier si lui, le douanier, connaissait *Au suivant*. Il me fit un non de la tête, et nous nous mîmes à farfouiller sur YouTube, comme deux anciens de garnison qui se passeraient des vieux tubes. Je souris à l'écoute du mauvais son et de la grande chanson (*Il est plus humiliant d'êt' suivi que suivant / Au suivant, au suivant !*) ; je regardais regarder mon interlocuteur, aspirant professionnel de la politique, il ne laissait rien paraître, toute cette maîtrise nationaliste me glaçait. L'*Au suivant* qu'il avait trouvé était une des versions en public où Brel, plus nasal que jamais, se livrait comme jamais. La version Olympia 1964, je l'aurais juré.

– Vous savez, dit le frontiste en posant son téléphone, Brel c'est la France dans toute sa splendeur. La France des vrais chanteurs… Allez trouver aujourd'hui un chanteur capable de vous fournir autant de frissons… C'est la France qu'on a pu avoir dans le passé. Un pays écouté sur la scène internationale. La France d'avant-garde, celle d'Air France, de la SNCF, du Concorde, des choses qui faisaient briller la France.

– Mais il était belge, rétorquai-je.

– … Alors qui faisait briller la francophonie !

★

> « La chanson est un moment, elle est un instant. C'est quelque chose de fugace, d'éphémère. Quand je dis qu'elle est momentanée, je veux dire qu'il faut l'écrire comme si c'était une chose momentanée, et qu'il faut la chanter comme si c'était une chose momentanée, et surtout, surtout, il faut la vendre comme si c'était une chose momentanée. Parce que sans quoi, on va en faire une chose grave, épaisse et absolument insupportable. Un gars qui fait de l'éternité, moi je trouve ça à hurler de douleur ! Toutes les chansons du monde doivent être ratées. Et les belles, ce sont celles qui sont bien ratées. »

★

Brel avait commencé dans la bourgeoisie catholique, du temps de son enfance, papa qui roule en Studebaker New Yorker et le meilleur Institut pour Jacky le cancre, pour cheminer vers la gauche anticléricale, de *Dites, si c'était vrai* (1954) à *Jaurès* (1977). Sa trajectoire politique épousa les engagements des années 1960-1970, sans grande passion toutefois. En 1965, Brel ira manifester à Bruxelles contre le nucléaire et s'amusera avec la foule : « Nous vaincrons, non parce que nous sommes les plus forts, mais parce que nous sommes les plus jeunes. » Et deux ans plus tard, à Grenoble, il soutiendra, en chair et en os, et en vain, Pierre Mendès France lors d'un meeting pour les législatives.

Entre les deux époques, et les deux rives, il y eut Georges Pasquier, l'ami rencontré à ses tout débuts, aux Trois Baudets, à Pigalle, en 1955 ; Georges le confident, le chauffeur, le secrétaire particulier, l'homme de confiance et à tout faire, le complice des mille et une bières. Jojo, qui se *prenait pour Voltaire*, puisque c'est lui (*Six pieds sous terre, Jojo, tu frères encore / Six pieds sous terre, tu n'es pas mort*), était un colosse, athée et socialiste. À force de discussions de café et de sorties dans chaque buffet de la gare de France et de Navarre, le Breton convainquit le Belge. Brel sera à gauche, plutôt que de gauche, mais sans étiquette ; toujours cette quête éperdue de liberté et cette méfiance viscérale envers les hommes trop vaniteux pour être honnêtes (il lâchera : « Tout le monde veut m'annexer, mais je n'appartiens à personne »).

Dans les archives télé, on aperçoit parfois l'ombre de la doublure. Jojo qui ferme la porte des loges, Jojo qui joue au billard, porte les valises ou les cartouches de cigarettes, Jojo en studio, qui écoute, une infinie tendresse dans son regard, on devine un tic, un amour fou pour Brel, et encore là, sur les bords de route, à la table d'Eddie Barclay, à la terrasse d'un café, avec son petit gilet, sa petite cravate (*Nous parlons en silence / D'une jeunesse vieille / Nous savons tous les deux / Que le monde sommeille / Par manque d'imprudence / Six pieds sous terre, Jojo, tu espères encore*). Le dernier avion de Brel portera le nom de son frère, Jojo.

Quelques jours avant ma rencontre avec Maurice Monnier, d'anciens de ses camarades étaient montés au col de l'Échelle, dans les Alpes, à la frontière franco-italienne, pour l'interdire aux migrants. Une opération coup de poing, qui monopolisa un hélicoptère, toute la presse, jusqu'aux bancs de l'Assemblée. Les Identitaires, une milice sans armes mais décidée, là, en France, ce pays que je ne reconnaissais décidément plus. Lui, il applaudissait :

– Les Identitaires ont bien compris ce que nous combattons : le système politico-médiatique.

Monnier visait juste, et c'était le plus terrible. Cette cordée de jeunes hommes et jeunes femmes partis à la chasse aux autres avait embarqué caméras et logos, hélicoptère et bannière immense (« *closed border / no way* »). Ils avaient intégré notre monde hashtag. Je n'avais qu'une envie : déguerpir.

Et puis les adultes sont tellement cons
Qu'ils nous feront bien une guerre.

Fernand

XI

Le livre d'or m'attendait sur la table de la cuisine d'un petit immeuble de Vesoul. Un album épais, rouge aux liserés dorés, duquel tentaient de s'échapper quelques souvenirs, coupures de presse et cartes postales. Sur le recueil, il était écrit : René Kielwasser. C'était Danièle, sa fille, qui m'avait tout préparé. À Vesoul, les Kielwasser sont une institution. On dit la Famille Kielwasser, jamais autre chose, toujours empreint de respect. René tenait La Bonne Auberge, un hôtel-restaurant fameux dans les années 1960 ; son frère, le Grand Hôtel du Nord, aussi célèbre – les deux s'aimaient et se tiraient la bourre.

– Regardez ! dit Danièle, ouvrant la page qu'indiquait un joli ruban fin.

D'abord, un B imposant dont la boucle repassait sous un R, un E et un L. Au-dessus : « Très sincèrement ». Un cran plus haut, en lettres penchées : « Avec ma plus gentille chanson ».

– Je me souviens parfaitement de Jacques Brel, attaqua Danièle, enjouée et joyeuse comme c'est pas permis. J'avais 18 ou 19 ans. Il a déjeuné sur la terrasse. En fait, il est venu plusieurs fois à La Bonne Auberge mais, moi, je ne l'ai rencontré que la première fois, quand il a signé le livre d'or… Je l'ai même vu partir. Parce que figurez-vous qu'il allait à Dijon et moi aussi… Mon père devait m'y emmener l'après-midi, pour prendre le Mistral, direction le Sud. Et voilà que Brel a dit à mon père : « Ben, j'y vais à Dijon. Si vous voulez, j'emmène votre fille, je la dépose à la gare. » Moi je regarde papa, je dis : « Ah ben non, non. » Et mon père : « Mais si, mais il va te déposer à la gare », je lui fais un signe : « Papa ! Je ne pars pas avec ce mec, je le connais pas ! » Et c'est vrai que… je le connaissais pas vraiment. Mon père insiste : « Ben, écoute, il est sympa, il te dépose à la gare, et moi ça m'évite d'y aller. » Je dis : « Non, non, non, tu m'emmènes ! » Ensuite, mes parents ont discuté, maman m'a dit : « Écoute, ce type, il est extraordinaire, il est quand même connu », et tout.

★

> « Ce que je trouve infernal, c'est le cycle sédentaire. Le type qui se lève tous les matins, qui se brosse les dents, qui dit au revoir à une femme qui est la même tous les matins, en principe, et qui part au bureau toujours le même. Il voit les mêmes gars, il fait le même travail à peu près et il mange la même chose à midi, il rentre le soir… Je trouve ça infernal, moi. »

★

La Bonne Auberge était un établissement signé par l'architecte Dimitri Franchini, un adepte de Le Corbusier, habitué de la région. Une ancienne brochure municipale, intitulée *Vesoul Réalisations 1953-1959*, racontait, en creux, ce que l'établissement, flambant neuf, pouvait représenter pour la ville – et dans quel patelin Brel avait mis les pieds : « Assoupie depuis l'après-guerre dans l'existence sereine et quelque peu monotone des villes administratives, Vesoul avait vu durant la dernière décade péricliter certaines de ses industries et son importance ferroviaire décroître. Les méandres paresseux du Durgeon, voués à la stagnation faute de pente, offraient au passant ou au touriste l'image d'un certain immobilisme bon enfant. »

Magnin l'éditeur m'avait parlé de La Bonne Auberge comme le lieu chic de la ville, où l'on pouvait boire des coups, le rendez-vous des jeunes fortunés. Et puis il y avait les serveuses, *et puis il y a Frida / Qui est belle comme un soleil.*

Les cartes postales à bordure dentelle, qui s'échappaient du livre d'or, représentaient un magnifique bloc blanc, aux fenêtres orange et aux traits francs, sur trois niveaux. À gauche, une arche majestueuse, à la *Mon oncle* de Tati, proposait le saint des saints : le garage gardé de l'hôtel. L'intérieur était fait de dalles, de pierres apparentes, d'aquarium à écrevisses et de chaises en plastique orange dernier cri, des bouquets à chaque table. Dans les chambres, le téléphone était proposé. Au salon, un meuble avec « chaîne haute-fidélité de premier ordre » jouait des disques d'ambiance, et des oiseaux, en liberté, voletaient de plante en plante dans la salle de restaurant.

– C'était un trois-étoiles à l'époque, un vrai trois-étoiles, certifiait Danièle. Car maintenant… on sait plus ce que c'est les étoiles…

Au recto des cartes postales, on apercevait la terrasse, bacs à fleurs généreux et parasols vert bouteille, ou ombrelles orange et jaune. Une 4 CV ternissait la modernité des lieux. Au verso, il était écrit : Relais – Océan – Suisse. L'emplacement de La Bonne Auberge était idéal, à la croisée des routes touristiques, comme le clamait le carton publicitaire que Danièle avait retrouvé : Dijon, Paris, Nancy, Metz, Strasbourg, Bâle, Besançon, Lyon et au centre du monde : Vesoul.

Cette rose des vents racontait autant La Bonne Auberge que le bon Brel.

À la grande époque des tournées sans fin, lui et ses musiciens couraient les routes, jusqu'à sept cents kilomètres entre deux étapes. Tantôt c'est Jouannest le pianiste qui conduisait, tantôt Brel lui-même. En Peugeot 203 d'abord, puis en DS, après le succès de la *Valse à mille temps,* premier crescendo brélien par excellence, ou un temps en Pontiac. Pour la troupe, la route est une offrande, un paysage à prendre, Brel chantonne à tue-tête, il note frénétiquement des bouts de phrases, un vers, un alexandrin, une fausse piste. 325 jours par an à ce rythme, à dormir la nuit sur la banquette ou à la belle étoile ; et à tuer le temps, sur les bords de nationale, à jouer aux boules avec Corti, l'accordéoniste.

La route, c'est toujours ce qu'il y a au bout, *On fait des montagnes / Avec ce qu'on peut*, que l'on soit VRP, chanteur, camionneur ou écrivain : découvrir une ville, des gares, des gars, une femme, l'humidité d'une rue, la chaleur d'une ruelle, le froid d'un boulevard, avec *les Paumés du petit matin*, *au cinéma de son whisky* ou dans l'amertume d'un alcool triste (*On a chanté les mêmes vins / On a chanté les mêmes filles / On a chanté les mêmes chagrins*).

★

> « On ne fait bien ce métier qu'en chantant tous les jours. Je suis convaincu de ça. On ne fait bien quelque chose qu'en le rodant tous les jours, qu'en ne le travaillant tous les jours. Et c'est parce que je suis plein de respect pour ce métier, comme pratiquement pour tous les métiers du monde, que j'estime inadmissible de tricher avec ce métier, de vouloir en vivre. On vit pour lui, on n'en vit même pas. »

★

Dans un reportage télé, on suit Brel traversant les Alpes, blouson de cuir noir, col en fourrure, stylos rangés dans la poche extérieure du bras, le style aviateur à la cool. Il manipule ses Ray-Ban, grignote ses branches, évoque un industriel soucieux rencontré la veille, un brave type. La suspension de la DS donne du roulis à l'image, une infinie douceur. Dans l'habitacle, il y a de l'espace pour tout le monde, ceintures inexistantes. On voit le même quelques instants plus tard, dans une salle quelconque, à Vierzon ou à Honfleur, qu'importe, chantant *Madeleine* comme si le *tram trente-trois* fonçait sur lui ; ce n'est que la balance, tout le monde est pétrifié de froid, ses musiciens ont leur manteau, mais *Elle est tellement jolie / Elle est tellement tout ça / Elle est toute ma vie / Madeleine que j'attends là*.

Et puis, sur la route des galas, il y a les libertés, les interdits, loin des siens et loin de leurs jugements, il y a les bordels, plus ou moins clandestins, il y a la Madame Andrée de *Jef* qui a réellement existé, dans une maison de Mouscron, il y a *Le Gaz*, qui ne parle que de ça, il y a le *Buvons à la putain* de *L'Ivrogne*, les *quelques Argentines* cueillies *dans les vitrines des jolis quartiers d'Amsterdam* (*Knokke-le-Zoute Tango*), ou celles, *infidèles*, sur lesquelles les *marins pissent comme je pleure / dans le port d'Amsterdam*. Des nuits entières, à siroter du *Whisky de Clermont-Ferrand* (*La Chanson de Jacky*) racontées par Corti, l'accordéoniste, ou par Johnny, l'ami complice à l'affiche avec lui et Lino Ventura dans *L'Aventure, c'est l'aventure* (carton au box-office, Lelouch, 1972). Johnny révélera : « En tournée, Brel passait son temps dans les bordels. Il ne touchait pas aux filles, il était copain avec elles. Il arrivait et buvait des bières toute la nuit. Il m'a emmené souvent en avion, notamment à Trouville. Quand il arrivait, toutes les filles venaient lui dire bonjour en l'appelant par son prénom. C'est le seul mec que j'ai rencontré dans ma vie qui se couchait à deux heures du matin et se levait à neuf pour aller déjeuner à deux cents kilomètres. Moi j'avais envie de dormir mais il me levait et je le suivais. »

Mais les fenêtres jacassent
Quand une femme passe
Qui habite l'impasse
Où passent les messieurs

Les Fenêtres

Le livre d'or de La Bonne Auberge regorgeait de noms, des célèbres, des oubliés, des inconnus à retrouver. Avec Danièle, on passait un temps fou à les déchiffrer, petite expédition temporelle et immobile. Chaque découverte nous enchantait, et valait qu'on se resserve du café, et Danièle riait, riait : Bob Azzam, Arletty, Les Compagnons de la chanson, Les Frères Jacques, Henri Génès, Fernandel, Pierre Doris, des princes, un restaurateur étoilé, Bécaud, Sagan, Chaban-Delmas, un flic, Anquetil, Yvette Horner, et surtout Piaf, qui avait failli mourir sur place, asphyxiée. Danièle se souvenait d'elle demandant à son père : « Ah, René, c'est vous qui m'emmenez au casino de Luxeuil. »

– Faut dire que mon père, c'était pas qu'un excellent cuisinier, c'était un sacré joueur !

Et aussi un bon conteur. Dans un article local, non daté, mais remontant probablement au début des années 1970, René Kielwasser affirmait que Brel aurait écrit *Vesoul* chez lui, à la terrasse de La Bonne Auberge : « Il l'a faite là, sous l'arbre. » Pourtant aucune carte postale de l'époque ne dessinait le moindre tronc à l'avant, côté terrasse. S'il y avait un arbre, c'était derrière, au-delà du garage.

– Moi, je m'en moquais de Brel à l'époque, riait de plus belle Danièle. Je voulais pas monter dans sa voiture, un point c'est tout. Et maman qui insistait… Elle lui a même demandé : « Vous allez parler de Vesoul un jour ? » et il lui a dit : « Je vous promets qu'un jour je parlerai de Vesoul. » On n'y croyait pas, et puis, sept ans plus tard…

T'as voulu voir Vierzon
Et on a vu Vierzon
T'as voulu voir Vesoul

Et on a vu Vesoul
T'as voulu voir Honfleur
Et on a vu Honfleur
T'as voulu voir Hambourg
Et on a vu Hambourg
J'ai voulu voir Anvers
Et on a revu Hambourg
J'ai voulu voir ta sœur
Et on a vu ta mère
Comme toujours

Vesoul

Aujourd'hui, La Bonne Auberge n'est plus, ou plus vraiment. Elle s'appelle Eurotel depuis 1990, quand un vandale a dessiné une terrasse bouffée par une baie vitrée, vaguement arrondie, et un faux toit pentu, vaguement chalet, vaguement local, brisant toute la ligne de l'édifice. L'arbre du fond est tombé, pour une ligne à haute tension.

Le gérant dit qu'il ne savait rien.

– Aucun client ne me parle d'ailleurs de Brel. Jamais. Ah, si… l'autre jour, quand il y a eu le Tour de France. Une équipe de journalistes. Des Belges.

Ce serait sa seule confidence. Il n'y avait pas grand-chose à tirer du lieu. Le temps avait lavé murs et traces, l'Eurotel servait désormais des repas d'affaires, discrétion et rapidité, comme l'exige le genre. Je restai néanmoins quelques instants sur le parking du restaurant, pour humer les lieux, regarder une dernière fois la bâtisse, attendre je ne sais quoi, quand les doutes sont arrivés. Dans toute cette reconstitution, quelque chose s'emboîtait mal : si Brel était venu à Vesoul par avion, comme me l'avait assuré Serge, le barman du casino de Luxeuil, comment le chanteur avait-il pu repartir en voiture, selon les souvenirs de Danièle ? Un doute en entraînait un autre : en 1960, Brel n'était pas encore aviateur – si ses biographes se chamaillaient bien sur son premier vol (au-dessus du Saint-Laurent au Québec ou un Biarritz-Charleville), ils s'accordaient sur 1964 comme l'année de la révélation, et juin 1965 comme le mois d'obtention de son brevet de pilotage. Enfin, Brel, ici, sur ce qu'était la terrasse, en novembre 1960, mois de son passage au casino de Luxeuil ? Improbable. À cette époque de l'année, les parasols de La Bonne Auberge étaient déjà remisés au placard, Vesoul étant à courte distance du plateau de Langres, un des coins les plus frisquets de France. Danièle avait sans doute raison : ce n'était pas en novembre 1960 qu'elle avait vu Brel, mais en été.

Mais alors, quelle année ?

Pourtant, Serge était précis ; Danièle catégorique ; et les deux aussi formels que de bonne volonté.

Tout cela n'arrangeait rien à l'affaire.

Et c'est précisément ce qui me plaisait.

XII

Petit Pierre était un enfant de Vesoul, champion de BMX, bon élève, les cheveux noirs et frisés de sa mère, un sourire d'ange. Il est mort en djihadiste, camion-suicide, à Tikrit.

Dans le portable de sa mère, deux photos racontent son destin. L'une prise à Vesoul, l'autre en Syrie ; l'une en acrobate du vélo, la seconde en terroriste de la vie. Deux seules années séparaient les deux clichés, un trophée et une revendication.

Pierre Choulet était l'un des premiers Vésuliens à avoir fait son *aller voir* macabre. Six, sept, huit gamins de la ville, selon les décomptes, tous insérés, tous issus des classes moyennes, tous français ; endoctrinés on ne sait trop comment.

Depuis Vesoul, trou perdu d'un monde en perdition.

Daechville.

Si par malheur ils survivaient
C'était pour partir à la guerre
C'était pour finir à la guerre
Aux ordres de quelques sabreurs
Qui exigeaient du bout des lèvres
Qu'ils aillent ouvrir au champ d'horreur

Leurs vingt ans qui n'avaient pu naître
Et ils mouraient à pleine peur

Jaurès

Tout avait commencé dans sa chambre d'ado, avec un tapis et un coran. Les parents de Petit Pierre sont incrédules, mais quoi faire, ils décident de laisser aller, de surveiller sans surveiller puis, un soir, Marie-Agnès et Gérard ficellent un sac et jettent tout, coran et tapis. On veut pas de ça, disent-ils au petit dernier de la fratrie. Le père travaille dans une usine de lait en poudre, la mère est aide-soignante, toute la famille Choulet est catholique, pratiquante, fidèle de la messe. Pierre est baptisé, il a fait sa communion, pas question qu'il se convertisse, même si ses parents estiment le coran, un beau livre ; et l'islam, une belle religion. Lui les rassure, t'inquiète, t'inquiète – et l'amour les aveugle. Pierre arrête le porc, après tout, entre le vélo à haute dose et le lycée tout va bien, il peut bien vouloir s'intéresser à autre chose, vouloir voir autre chose, vouloir changer de culture. S'il est heureux…

Marie-Agnès ignore tout de la Syrie, de l'État islamique, mais l'angoisse rôde. Une voisine annonce :

– Faut j'te dise, j'ai des frissons. Mon fils, il a vu l'Pierre en djellaba.

Pierre reste discret. Il prie en cachette, son ordinateur ne révèle rien, on allait tous dessus, se souvient Marie-Agnès. Puis c'est le premier ramadan, à 18 ans, et la dispute, comme jamais. Pierre résiste, sa mère cède :

– Je lui prépare des gamelles de pâtes comme ça, pour qu'il mange, j'avais peur, vous comprenez ? Je me suis dit : « Mais dans quoi l'gamin il va s'embarquer ? Dans quoi ? » Je savais pas ce qu'il y avait derrière, ce que c'était le recrutement… On ne sait d'ailleurs toujours pas comment ça s'est passé… À l'intérieur du lycée, sans doute, parce que c'est pas le gamin qui sortait dans la rue. Il disait toujours : « Maman, viens me chercher. » Il aimait bien goûter à la maison après l'école, c'était : « Mon petit papa d'amour, tu me prépares mes tartines de Nutella ? » Et à moi, le petit pacha, il disait : « Ma petite maman d'amour, tu me donnes à boire ? » C'était que ça, que ça… Fusionnelle, j'étais. Et juste avant de partir, il m'a dit : « Maman, tu m'achèteras un rasoir ? » Ben, j'y ai dit : « Viens, je vais t'en acheter un », j'allais prendre le plus cher et lui, il me fait : « Non, non, un comme ça. » Si j'avais su… Il s'est rasé pour pouvoir partir, mieux passer les frontières… Voilà pourquoi je vous dis que… qu'il a fallu… je ne sais pas ce qu'ils lui ont dit… Comment ils ont trouvé ce qu'il fallait lui dire. La faille, quoi. La faille…

Du jour au lendemain, Pierre déserte la fac de sport de Besançon, décidé à enseigner le BMX à des enfants sous la guerre. La faille, c'était le vélo. Le piège, c'était l'humanitaire. Il dépose sur son lit d'étudiant un mot d'adieu : « Papa, maman, je suis parti aider les Syriens et les Syriennes, mais ne vous inquiétez pas, je vous donnerai des nouvelles dès que possible. Je vous aime. »

– C'était sur une feuille qu'il avait arrachée à un carnet. À la main et pas de fautes, rien ! Je me suis toujours demandé : « Comment se fait-il que les autres, ceux qui l'ont emmené là-bas, l'ont laissé écrire le mot ? » Est-ce que l'gamin, il l'a écrit au dernier moment, en cachette ? Je ne sais pas… Mais, quand même, dans ce qu'il a fait, il y a de l'amour… Pour avoir laissé un mot, c'est que… voilà… vraiment, Petit Pierre, il était pas… Il avait pas le fond méchant.

La mort m'attend comme une princesse
À l'enterrement de ma jeunesse
Pour mieux pleurer le temps qui passe

La Mort

Avant la Syrie, Pierre n'était jamais allé plus loin que La Plagne, connue pour son skatepark et ses compétitions de vélo, à quatre heures de route de Vesoul. Marie-Agnès emmenait tout le monde dans la voiture, Pierre n'avait jamais pris le train seul, c'était pas le genre débrouillard. Jamais un voyage hors de France. La Syrie sera le premier, et l'Irak sans retour.

Les premiers mois passent. Échanges par courriel, Pierre est devenu Abou-Talha al-Faransi, il aide les enfants, les nourrit, les distrait, à coups de jonglages ballon et de tours de vélo, dit-il.

– Un jour, je lui ai écrit : « Tu sais, ils pourront jamais enlever l'amour qu'on a. Si tu as besoin, j'irais au bout du monde pour toi. Alors, dis-moi-le, et je viens te chercher. Dis-moi, dis-moi où tu es… » Le gamin, il a toujours dit non, jusqu'au jour où il a voulu de l'argent. La DGSI nous a dit : « Si vous le faites, vous ne savez pas pour qui, pour quoi, si c'est pour lui, ou pas. Vous êtes complices. » On a écouté les policiers, et là, j'ai pleuré, pleuré. On se disait : « Si on lui en envoie, ça va peut-être lui faire du bien, là-bas. Et si on n'en envoie pas… » On était pris entre deux feux.

Des mois comme ça, la fin du monde chaque semaine, les Choulet tiennent, s'accrochent au moindre signe, à la moindre nouvelle. En France, le djihadisme est encore une notion floue. Marie-Agnès, 1,60 mètre, puise en elle toutes ses forces.

– Est-ce que ça nous arrangeait de croire ce que Pierre nous disait ? Les services de renseignement nous avaient affirmé tout de suite : « Y'a pas d'humanitaire en Syrie. » Je pense qu'au début, les gens de Daech ont vu comment Pierre était : un gamin... discret... timide, timide ! C'est ça, le pire. Je me dis : « Est-ce qu'ils l'ont apprivoisé ? » Après, je ne sais pas comment ils travaillent... Et même les *autres de Vesoul*, s'ils rentraient, comment on saurait ? Est-ce qu'on aurait confiance dans ce qu'ils nous diraient ?

Peu à peu, Marie-Agnès se met à Facebook, à YouTube, aux sites spécialisés, elle affronte toute la machine Daech, et s'habitue au pire. Chaque tête coupée, celle de Pierre ? Elle regardait tout, la dernière actualité, la nouvelle vidéo de propagande, et toujours cette obsession : comment allait-elle le retrouver ?

Un soir, le téléphone sonne :

– Coup de la chance, on était les deux à la maison, mon mari et moi. « C'est Pierre », je hurlais, je hurlais ! « Mon bébé, mon bébé, reviens, je vais te chercher, dis-moi où tu es, dis-moi où tu es ! Dis-moi t'es où ! » Mais pas un mot... Je sentais que derrière, il y avait... Alors, je me suis dit : « Faut que j'arrête, que je le passe à son père, parce que je ne sais pas le temps qu'on aura et puis... » et puis j'ai appelé la DGSI sur un autre téléphone, pour leur dire de localiser son appel... Je ne sais pas ce qu'ils ont fait... Et j'entendais mon mari, dans la pièce à côté, qui disait : « Surtout ne prends pas d'armes, ne tue pas. »

Le 11 février 2015, Abou-Talha al-Faransi meurt en kamikaze, dans une attaque contre une caserne de miliciens chiites de la province de Salâh ad-Dîn, Irak. Pierre Choulet n'a pas tué. Les deux seules autres victimes sont ses complices, deux Belges.

À la mort de Pierre, Marie-Agnès croise la mère d'un *autre de Vesoul*, un combattant de Raqqa. À l'époque, Marie-Agnès n'osait pas parler, pour protéger son fils, se protéger elle-même qui sait, et les autres familles, Vesoul même, cette petite ville de silence, comme elle dit. Puis Marie-Agnès sortit de sa solitude :

– J'ai demandé à l'autre maman : « Dis-lui voir à ton fils… comment qu'il était avant, Pierre ? Qu'est-ce qu'il a fait, qu'est-ce qu'il a dit ? Est-ce qu'il a parlé de nous ? Est-ce que… » Parce qu'à la mort de quelqu'un, on veut toujours savoir ce qu'il a dit avant, ce qu'il a fait. À la maison de retraite où je travaille, je vois les personnes âgées qui meurent et les familles aiment bien savoir… Après, j'ai dit à la mère du garçon : « Si ton fils va à l'endroit où Pierre est enterré, s'ils les enterrent, je sais pas… » Plus tard, elle m'a répondu : « Alors, tiens, mon fils m'a dit qu'ils leur faisaient une belle cérémonie. » Mais comment savoir si c'est vrai ?

Pourquoi cette fanfare
Quand les soldats par quatre
Attendent les massacres
Sur le quai d'une gare ?

La Colombe

Imperméable beige et robe fleurie, Marie-Agnès était venue à notre rendez-vous à la fin du marché de Vesoul, celui des Halles, celui du Tour de France, elle donnait le change, résistante sublime. Ses larmes, si dignes, si discrètes, ne parvenaient pas tout à fait à anéantir son visage. Elle leur tenait tête, à sa manière, douce et modeste. Tout chez elle était une leçon.

– Comme j'ai dit haut et fort à la télé : mon gamin, je suis pas fière, mais j'ai pas honte.

Marie-Agnès me racontait ses petits-enfants qu'il fallait rassurer sur la mort de Tonton, sur comment Tonton avait vécu, si Tonton avait pu faire du vélo là-bas. Elle évoquait ses tournées sans relâche dans les collèges du coin, pour témoigner, pour mettre en garde. Et aussi cette chanson *Mon fils est parti au djihad* d'un dénommé Gauvain Sers, que je ne connaissais pas – son nom n'avait pas franchi l'Atlantique. Un hommage voilé à son combat. À Montbéliard, Marie-Agnès était allée rencontrer le chanteur en coulisses avec, en cadeau, une guitare sur laquelle elle avait écrit : « Merci pour ta compassion. »

Et puis, *Charlie Hebdo*. Le Bataclan. Nice.

Chaque fois, Pierre qui revient, Pierre victime et Pierre fantôme, les discussions avec les collègues, les flashs radio, la culpabilité, l'amour filial – le désarroi total.

Face à elle, je me rendais à cette évidence que je me refusais, entre deux avions. Les salauds avaient bien gagné, et pas seulement sur les plateaux de télévision, entre les marchands de peur comme relais et les père-matraques à la petite semaine comme auxiliaires. La France que je retrouvais était pétrie d'angoisses et de retours en arrière. Le champ des libertés collectives se rétrécissait à vue d'œil, tête baissée, le pays semblait vaincu, et la gauche tétanisée, *Mais tu sais que tu m'fais honte / À sangloter comme ça*. Partout, la question du religieux était désormais à la une, masquant à peine celle de l'étranger, la haine ouverte se répandait, c'était comme si le pays que j'avais quitté s'était noyé. Les réactionnaires avaient décidément pris le pouvoir et, le pire, certains avaient bonne gueule et un passé respectable.

Né dans les Trente Glorieuses, je faisais partie de cette génération pour laquelle toutes ces questions avaient été jugées bel et bien soldées. Les Sex Pistols (*God Save the Queen*, massacré) et même Brel étaient passés par là (*Et puis je veux encore / Lancer des pierres au ciel / En criant Dieu est mort / Une dernière fois*). Devant Marie-Agnès, je ne pouvais rien dire. Elle avait payé dans sa chair le prix de cette apocalypse. Mais autour de nous, dans ces rues de la ville-préfecture, comme dans les avenues de Paris, toutes ces ombres, tous ces lâches, tous mes anciens amis devenus frileux, en réseaux sociaux pour tous aux abris ? La capitulation m'affligeait, la France se ratatinait, elle se faisait minuscule, elle se faisait Vesoul, *Mais arrête tes grimaces / Soulève tes cent kilos / Fais bouger ta carcasse.*

À la fin du rendez-vous, comme pour nous sortir de là, c'est Marie-Agnès qui lança :

– Vous vouliez pas qu'on parle de Brel ?

Pourquoi ce lourd convoi
Chargé d'hommes en gris
Repeints en une nuit
Pour partir en soldats ?

La Colombe

J'esquissai un semblant d'aplomb. Fallait-il parler de Brel, était-ce le bon moment, lui qui avait été convoqué sans qu'on lui demande rien, place de la République, et dans la cour des Invalides, lors de l'hommage solennel de la nation aux victimes des attaques de novembre 2015, pour deux reprises, *Les Prénoms de Paris* par la Chorale de l'armée française, et *Quand on n'a que l'amour*, par trois chanteuses moyennes de variété.

Devant ma gêne, Marie-Agnès sourit. Brel, elle aimait bien. *Les Bourgeois*, *Quand on n'a que l'amour*, *Aller voir Vesoul*, des choses simples qu'on comprend, expliquait-elle. Toutes ces années avec Pierre au loin, elle avait écouté une de ses chansons en particulier mais son titre, soudain, lui échappait ; j'essayais de l'aider, non pas celle-ci, pas celle-là non plus, Marie-Agnès était désolée.

– Et puis, Brel, il a eu une vie simple aussi. Il s'est isolé quand il est parti aux îles Marquises, pour vivre sa vie tranquille. Il n'a pas joué la grosse tête, il faisait pas beaucoup parler de lui... Il revenait de temps en temps pour enregistrer ses chansons, et il repartait. C'est vrai que l'isolement, des fois, ça fait du bien... S'isoler quand on n'est pas bien... C'est ce que je me dis : si je partais sur une île déserte... Pourquoi pas... Et puis, il est mort jeune, lui aussi.

Mais tu n'es pas le Bon Dieu
Toi, tu es beaucoup mieux
Tu es un homme

Le Bon Dieu

On se quitta là-dessus, et sur une embrassade fragile, et longue. En revenant à pas comptés vers le marché, face à nous, le monument aux morts de la place centrale nous narguait, froid et patient, *O fortuna mors quae naturae debita pro patria est potissimum reddita*. Une fois encore, Marie-Agnès trouva la force nécessaire et se tourna vers moi :

– La prochaine fois qu'on se voit, je vous le promets, je vous dis quelle chanson de Brel c'était !

XIII

Il avait dormi *là*, dans cette chambre, la 246, la réceptionniste du Grand Hôtel du Nord l'affirmait, ou disons qu'on lui avait suggéré de me l'affirmer. La chambre présentait le confort moderne, c'était une triple, avec un lit double, un lit simple, deux miroirs Ikea (des Krabb, en forme de vagues), deux tableaux en plastique représentant chacun une rose (une rouge, une blanche) ; les meubles sentaient bon le neuf et la colle d'aujourd'hui, le standard et l'impersonnel. Seule l'armoire, à battant, façon persiennes, en métal, pouvait être d'époque *Vesoul.* Ses boutons en laiton lui donnaient le charme discret que l'établissement avait dû proposer, dans ses grandes heures. Le rappel des persiennes qu'offrait la porte de la salle de bains était du plus bel effet. Aujourd'hui, malgré son lustre perdu, le Grand Hôtel du Nord demeure l'établissement huppé de la ville. Derrière le comptoir d'entrée, des pêle-mêle sous verre exhibent les dédicaces de notre monde : Canteloup, les Vamps, Dave, Sardou, Huster, Lavilliers.

Par acquit de conscience, j'inspectai le lit, comme un chasseur d'une quelconque espèce disparue. Matelas et sommier semblaient fort récents et confortables ; seuls les pieds du lit trahissaient leur bel âge. Oui, ils étaient beaux.

J'allais dormir là-dedans.

Toi, la servante, toi, la Maria
Vaudrait p't-être mieux changer nos draps
Mathilde est revenue
Mes amis, ne me laissez pas
Ce soir, je repars au combat
Maudite Mathilde, puisque te v'là

Mathilde

C'est en 1967, selon la rumeur, que Brel serait revenu à Vesoul, et aurait séjourné dans ce trois-étoiles, bloqué par une panne automobile. À sa mort, *L'Est républicain* avait imprimé la légende : « Ayant subitement décidé d'une halte nocturne à Vesoul, le chanteur se serait ennuyé dans les rues désertes et aurait fait, on s'en souvient encore, la grasse matinée à l'Hôtel du Nord que tient Henri Kielwasser, le frère du gérant de La Bonne Auberge. De là à chanter implicitement que Vesoul est un trou, ne manquaient plus que les notes, n'est-ce pas ? »

Mes recherches sur le lieu avaient mal débuté. Claudie, une ancienne serveuse, que Michel Drucker, de passage, avait décrite dans ses Mémoires comme la « plus belle fille de Vesoul », était catégorique :

– Je suis arrivée au Nord en 1964 jusqu'en 1969. Jamais entendu dire que Brel était venu !

Pleine d'entrain, Claudie trouvait ça amusant, mon enquête, et tenait à m'aider. Elle proposa d'appeler Ginette, elle a quarante ans de service là-bas, si quelqu'un sait, c'est elle. Mais Ginette ne savait pas, ou plutôt si, elle allait être formelle à son tour : pas de Brel à l'horizon du Nord.

– Qui donc pourrait vous renseigner ? se demanda à voix haute Claudie, la « pétillante » comme on la surnomme toujours en ville. Il y avait bien le veilleur de nuit, mais il est mort. Les femmes de chambre, mais elles sont décédées aussi.

Adieu ma femme, je t'aimais bien, tu sais
Mais je prends l'train pour le Bon Dieu
Je prends le train qu'est avant le tien
Mais on prend tous le train qu'on peut
Adieu ma femme, je vais mourir

Le Moribond

Dans notre chambre – après tout, c'était autant la sienne, la mienne, que celle de milliers de touristes ignorant à coup sûr ce qui s'était joué dans leurs draps –, j'avais repris mes séances de *binge* Brel, du Brel à n'en plus pouvoir, deux mille références radio et télé sur le site de l'INA, à le regarder façon téléphone arabe, ses propos tronqués, raccourcis, des archives qui mentent car mal situées. Ça faisait des mois que le plaisir durait, *c'est plus un trottoir / ça devient un cinéma*, des nuits que je traquais ses fulgurances et ses grandiloquences, son romantisme bon marché et ses percées définitives, son lyrisme maladroit et ses outrances magnifiques, Dieu que j'aimais l'ensemble, que j'aimais ce Brel adolescent, plus lucide que les adultes – et, soudain… la saturation.

Je l'écoutais dans mon bain, au lit, dans le train, en avion, assis, debout, allongé, vautré. Lui en débutant, guitare à la main, chemise mal repassée, dans une cage ouverte par une Jacqueline Joubert plus roucoulante que jamais, Brel sur un plateau de cinéma, en coulisses, le même devant une lourde cheminée ou attablé à un bar, flanqué d'une veste pas toujours formidablement taillée, avec sa fine moustache des débuts ou ses cheveux mi-longs de la fin, tripotant un verre vide en chantant, qu'importait le ridicule, Brel tenait à être Brel – époustouflant.

Et moi qui me sentais vieillir, l'ordinateur en excroissance ventrale, et lui qui me parlait sans cesse de liberté, de mouvement, et voilà que je m'enfonçais, mal à la tête, mal à moi comme lui dans *L'Ivrogne* (*Je chante et je suis gai / Mais j'ai mal d'être moi*), je me voyais devenir gros, avais-je abdiqué, avais-je été à la hauteur dans la vie, zigzaguant entre les amis et les pays, les pulsions et les sales défaites, et Brel qui me niaise, qui me toise, qui me nargue. D'un coup, ses leçons de vie m'étouffaient, et Brel avait décidé du lieu pour le faire : dans ce lit de Vesoul. Il voulait m'anéantir, m'écraser, me prouver qu'il était le plus libre, mort avant que je n'atteigne son âge – et ses hagiographes, féroces soldats, devenaient mes pires ennemis.

Je crois bien qu'à cette minute-là, je le maudissais.

Il devenait cette *inaccessible étoile* qu'il avait tant chantée et tant vantée ; et je me voyais *gravité*.

Jusqu'à ce que tout à coup
L'accordéon expire
Alors, le geste grave
Alors, le regard fier

Amsterdam

Au réveil, une bonne nouvelle m'attendait.

Une autre jeune femme de l'accueil, celle du matin, avait entendu parler de mon livre. Elle voulait me rassurer, oui, Brel était bien venu ici, à l'hôtel, oui, oui, la 246, elle assurait même qu'il existait une photo.

– Suivez-moi.

Et c'était reparti.

Je m'exécutai sans me faire prier, enfin la vérité allait éclater, et de bon matin. On se rendit dans le petit salon, attenant à l'immense salle à manger.

– Regardez, ça a été pris ici.

J'examinai la photo, songeant à tout ce qu'on devait à son auteur. Au côté des fidèles Jouannest et Rauber, les deux pianistes et compositeurs de Brel, le photographe Jean-Pierre Leloir fut le troisième bâtisseur du mythe. En séance, dans son studio-photo, Leloir jouait du Vivaldi pour détendre son modèle, qu'il s'oublie, qu'il se perde, qu'il laisse ses mains danser *La Valse à mille temps* ou *Les Bonbons*. Même là, *a cappella*, devant un public imaginaire, Brel se donnait tout entier, il ne jouait rien, il interprétait tout. Pour les prises en concert, Leloir se plaçait là où ça se passe, dans la fosse aux musiciens, rendant Brel plus grand que nous, chanteur de déroutes et conteur de contre-plongée, prince et fébrile, Dieu et Don Quichotte (que Brel adulait, il fit du héros de Cervantes une comédie musicale, parce que « Don Quichotte donne une priorité à ses rêves, c'est ça qui est important : il va là où il croit que c'est beau »).

Brel, son costume, sa cravate de travers, son visage noyé, sa gestuelle de boxeur domptant la scène, et surtout Brel noir et blanc, Brel pénombre et lumière grise, Brel clopeur, Brel charmeur, Brel enchanteur, Brel pleureur, hurleur, rieur, en sueur, c'était lui. Leloir. Il ne lui manquera qu'une photo, celle du dernier Olympia, novembre 1966, où, au huitième bis, Brel revint exceptionnellement sur scène. Pour déclarer, en peignoir et chaussettes : « Je vous remercie, parce que ça justifie quinze années d'amour. »

★

« Il y en a des photographes qui sont carrément à foutre par les fenêtres. Certains qui vous courent après, qui sont extrêmement désagréables. Moi, j'admets tout ce qu'on veut. Mais j'ai pas envie. C'est tout. Si eux veulent le faire, moi je trouve pas que ce soit un métier extrêmement reluisant. C'est le moins qu'on puisse dire. Par contre, il y a une race de photographes, je crois que c'est dans tous les métiers, qui sont des gens pleins de dignité. Alors là, c'est réconfortant. »

★

Je ne savais que répondre à la jeune réceptionniste. Je sentais son regard, comme une attente. La photo qu'elle me désignait était bien signée Leloir. Brel et ses paquets de brunes y figuraient. Mais aussi Léo Ferré et Georges Brassens. Le cliché n'avait pas été pris au Grand Hôtel du Nord de Vesoul, mais à Paris, pour les besoins d'une interview radio dont le fait d'armes était précisément cet instantané, devenu poster, et vendu un peu partout. Je remerciai la jeune femme, sans démenti, trop lâche pour lui dire la vérité, ou trop soucieux de la laisser à ses illusions, pensant déjà à ma prochaine piste.

L'ancien chef cuisinier du Nord – il allait juste falloir attendre un peu.

XIV

Le procureur se tenait comme se tient un procureur : droit, fier, hautain, avec la suffisance des gens de pouvoir, et *ce rien de brillantine / Collée aux cheveux de la langue.* Il faisait face à un public, *le* public, celui qui compte, qui fait et défait les réputations dans les dîners en ville : la bonne société de Vesoul. Ce débat, c'était son examen de passage. Au loin, un buste, un peu planqué, le surplombait en coin, totalement étranger à la cérémonie : c'était un Brel hurlant, revisité par un sculpteur local. Le procureur avait été muté dans la région quelque temps plus tôt, une étape dans sa jeune carrière, il s'agissait de briller vite, avant de chercher, sans doute, tribunal plus grand et carrière moins enfouie.

Emmanuel Dupic était là pour causer terrorisme et contre-terrorisme. Il déroulait sa propagande, tranquille, sans laisser paraître qu'il semblait savoir ce qui s'était déroulé ici. Dans les premiers rangs, Marie-Agnès Choulet l'écoutait, sans réagir, elle écoutait toutes ces sornettes de services prétendument coordonnés, la DGSE comparée à la CIA et la DGSI au FBI. Et le magistrat lâcha le pire, en toute bonne foi, apparemment, et je crois bien que Marie-Agnès ferma les yeux :

– Le problème aujourd'hui avec les djihadistes, ce sont les revenants. Ceux qui sont morts, il n'y a pas de difficulté.

Et la sous-préfecture
Fête la sous-préfète
Sous le lustre à facettes
Il pleure des orangeades
Et des champagnes tièdes
Et les propos glacés

Je suis un soir d'été

La conférence du soir était un Café Charlie, rendez-vous informel créé par l'ancien directeur du Pôle emploi Vesoul, Philippe Pillet, après le massacre du journal satirique. Le Café Charlie avec Dupic était l'un des plus courus, l'immense théâtre Edwige-Feuillère (gloire locale, née à Vesoul) avait prêté son hall d'entrée. Le maire était là, ses adjoints, monsieur le préfet. Et Pillet. À force de *vouloir voir Vesoul*, Philippe était devenu un copain, toujours à me présenter Untel, Unetelle, à courir partout, à faire de son mieux. Philippe disait qu'après les attentats, si élan national il y avait eu, les éléments de compréhension manquaient. Son Café Charlie, c'était ça : la recherche du dialogue, une soupe joyeuse sur le marché, des débats chaque mois, du hip-hop dans une chapelle désacralisée, le boucher qui sponsorise et fait le traiteur à l'œil, et lui, Philippe, qui remue ciel et terre, je suis un technicien, un gros bourrin, me répétait-il.

★

« Je préfère les hommes qui donnent à ceux qui expliquent. »

★

Durant dix-huit ans, Philippe avait tenu l'ANPE de la ville. Il avait organisé des matchs de foot durant lesquels, à la mi-temps, les joueurs montaient dans les gradins distribuer leur

CV aux spectateurs, des patrons du coin. Pillet avait vu Vesoul se décomposer peu à peu, le centre-ville se vider, les magasins qui ferment, les modes de consommation et de production qui changent.

– Mon métier, c'est d'organiser les rencontres.

Philippe écoutait assez peu Brel, finalement. À nos rendez-vous, il venait affublé de T-shirts terribles, Magma ou Ange, espérant bien déclencher entre nous une guerre de religion – ce qui ne manquait jamais. Philippe était probablement ce que Brel aimait le plus chez les Hommes, la tendresse, l'infinie tendresse. Il avait une honnêteté qui me désarmait, moi, prêt à en découdre avec ce qu'incarnait Pôle emploi à mes yeux : machine à chiffrer, à broyer, machine à écarter. Philippe était bien mieux que ça, un honnête homme, qui se retroussait les manches, offrant à tous une tribune. Il reconnaissait sans mal les limites de son Café Charlie : hormis les grandes soirées, comme celle du procureur, le ban et l'arrière-ban du public, c'était des gens comme lui, le même profil, cheveux gris, syndicats de profs et compagnie.

– Sur le FN, je me suis planté. Pas réussi à leur parler, à faire venir leur électorat… Idem avec les jeunes des quartiers. Café Charlie, c'est bien, ils disent. Mais ils ne viennent pas. Peut-être une forme de pudeur ?

★

> « La tendresse, ce n'est pas une raison, c'est un besoin. Même si je dois être tout seul, si je ne peux pas tenir la main de quelqu'un, je me tiendrai les mains à moi-même pour faire semblant de mourir avec quelqu'un d'autre. J'ai l'impression. »

★

L'ambiance solennelle de ce Café Charlie tranchait avec ce que j'avais pu voir au tribunal de Vesoul. L'historique palais était en travaux, pour agrandissement, on avait aménagé à la va-vite une petite salle d'audience provisoire, place du 11e-Chasseurs (vestige du passé militaire de la ville), avec de la feutrine verte jetée sur les tables-bureaux pour se donner des airs. Durant les procès, la greffière faisait tomber ses dossiers, les avocats facebookaient, le procureur (un autre, plus jeune) scrollait lui aussi sans façon, et la juge unique haussait les épaules devant tant de solitude. Le public était composé pour un quart d'hommes franchement obèses et pour moitié de femmes aux traits tirés et au maquillage noir. Les cas s'enchaînaient mollement, petits échos d'une délinquance ordinaire, fortement routière (un maçon de la ville qui avait renversé un piéton, des délits de fuite, des sans-permis, des plaques avant-arrière qui ne correspondent pas, un malchanceux qui s'était fait courser par les gendarmes dans une impasse et s'était mal réfugié entre deux voitures), des querelles de voisinage (menaces de mort autour d'un barbecue ou d'une musique trop forte) et de la petite fraude (400 euros de prime de fin d'année mal extirpés à la CAF, ou de la filouterie à la chambre d'hôtes). Et puis, il y avait les violents, tel cet apprenti malheureux aux tests de Peugeot, qui s'était vengé le soir même sur sa femme, « venez la chercher, sinon je vais la démonter », avait-il téléphoné aux policiers. À la présidente qui demandait pourquoi la victime était absente, le cogneur répondit qu'elle n'avait pas le choix, elle avait les gosses à garder.

– Oui, Votre Honneur, je ne bois plus, mais je fume. C'est la seule chose qui me détend quand je reviens du boulot.

Pourtant patientent les épouses
Que les enfants ont prises au piège

Pourquoi faut-il
que les hommes s'ennuient ?

Au théâtre Edwige-Feuillère, à la fin de l'allocution du procureur, Marie-Agnès me reconnut, il s'était écoulé plusieurs mois depuis notre rencontre. Elle s'excusa, elle ne voulait pas rater le magistrat. Elle avait une requête, je m'effaçai.

– Et l'acte de décès de mon fils, lui demanda-t-elle. Vous savez quand je l'aurai ?

Dupic faisait son possible, mais son possible était limité. Pas de réponse.

Puis Marie-Agnès revint vers moi, comme la première fois, pleine d'énergie et de vitalité, pour me présenter une autre mère d'un *autre de Vesoul.*

Mamie Voyez était son surnom, une débarquée d'Algérie directement ici, en 1980, à Vesoul, comme la chanson de Brel en boucle sur Radio Algérie Chaîne 3, pour devenir plus tard directrice d'une association d'intégration. Mamie Voyez connaissait tout de Vesoul, ses quartiers, ses misères, son Rotary Club et ses repas à l'Eurotel qui finissaient, ça l'avait marquée, comme au bled : avec une porte coulissante séparant les femmes, bonnes pour causer chiffons, des décideurs, bons pour parler pognon. Depuis toutes ces années, le travail de Mamie Voyez épousait les époques et les vagues de misère. D'abord des femmes subsahariennes, puis de l'Est, et maintenant des Irakiennes, des Syriennes, des Turques, passées par le Centre d'accueil de demandeurs d'asile de Paris qui les triait, et les envoyait loin, ici, à Vesoul, en province. Toutes ces femmes, mères souvent, à qui il faut apprendre le français, procurer de l'aide, des couches, et pour lesquelles il faut batailler avec les toubibs – qu'ils cessent de les gaver de tranquillisants, juste bons à les envoyer en dépression.

Comment son Sébastien était devenu Younes, comment ce dernier, avec sa compagne, avait-il croisé les salafistes, comment un converti l'avait mis sur la route de la guerre sainte, au même lycée que Pierre Choulet ou à la mosquée, derrière le collège Brel – ou aux deux ?

Mamie Voyez ne cherchait aucune compassion, à peine une oreille, mais du répondant, pour avancer. Et la désocialisation rampante du fils, sa barbe des barbus, la petite qu'il retire de l'école, le boulot perdu, le détour par la Belgique, putain, j'avais tout sous les yeux, disait Mamie Voyez.

On passa une longue soirée chez elle, j'avais apporté des pizzas, mais pas une Brel, Christophe était fermé ; et elle ouvrit du vin et sa vie. C'était un tourbillon. Trois ou quatre heures, avec des accélérations, des fous rires, aucune victoire de silence. Parfois, elle prétextait de devoir aller chercher quelque chose dans la cuisine pour pleurer, j'en profitais pour sécher mes larmes.

Comment l'idée d'offrir une robe – longue – à sa mère, pour remplacer les autres, jugées trop courtes, était-elle venue à Sébastien ? Comment elle, exilée d'Algérie, femme libre, sortie des traditions pesantes, avait dû échapper à l'islamisme imposé par son propre fils ? Et comment elle se retrouvait, maintenant, depuis Vesoul, à accueillir ces femmes syriennes chassées par le régime et par l'État islamique, par un Bachar al-Assad et des Sébastien-Younes ?

– Je ne leur parle pas de mon fils, tu comprends. Ça fausserait tout... et puis, je veux pas qu'elles aient pitié de... enfin... Je ne veux pas qu'elles croient que j'agis pour elles parce que... je me rachèterais un peu... Enfin, je veux pas leur dire, non...

Elle enchaîna sur les conversations discrètes avec Raqqa, les premières photos sur place, la séparation forcée de Sébastien d'avec sa femme, lui préposé à la logistique, elle jetée dans une maison, et Sébastien-Younes qui comprend le piège, choqué, trop tard, BFMTV qui fait le pied de grue en bas de chez Mamie Voyez, la DGSI qui se méfie et lui envoie pour l'interroger, comme dans les films, je te jure, cinq gentils et cinq méchants qui se relayaient – et soudain… le silence.

Plus aucun signe de vie.

De terre en terre
De place en place
De jeune vieille
En vieille grâce
De guerre en guerre
De guerre lasse
La mort nous veille
La mort nous glace

La Chanson
de Van Horst

Au Café Charlie, après le discours du procureur, Mamie Voyez était restée droite ; et sa colère, rentrée. Une dignité folle.

– C'était honteux de l'entendre dire devant la grand-mère d'une jeune femme d'ici qui est partie là-bas, une Française : « Les filles, elles se prostituent là-bas. » Il était très maladroit, ce monsieur. Il disait des choses pour être intéressant, alors qu'il ne l'était pas. Il aurait pu rester à… à ses diapos, à nous donner des chiffres, à se placer toujours sur le plan judiciaire, et point barre.

Les lumières allaient s'éteindre, le rendez-vous se terminait, personne n'avait idée d'où on pourrait grignoter quelque chose, à cette heure-ci, 22 heures. Marie-Agnès Choulet revint vers moi, soudain ravie :

– David, David, j'ai retrouvé la chanson de Brel ! Celle dont je vous ai parlé. Celle que j'écoutais quand Pierre est parti. C'est *On n'oublie rien*. Vous l'aimez ?

On n'oublie rien de rien
On n'oublie rien du tout
On n'oublie rien de rien
On s'habitue, c'est tout

On n'oublie rien

XV

– Quand Brel est venu au Grand Hôtel du Nord, il faisait mauvais. Je me souviens, il m'a dit : « Il fait pas beau dans votre coin. » Un jour qu'il est sorti, je me rappelle lui avoir prêté un parapluie. Ça devait être en 1966-1967.

À mon arrivée, Alain Madeleine me pria de prendre place dans son étroit salon. Le septuagénaire paraissait quinze ans de moins. Le chef avait débouché un macvin du Jura, une fine bouteille et des verres anciens, il devait être à peine 11 heures du matin, l'heure perdue de l'apéro, cette drôle d'habitude oubliée dans mes années nord-américaines. Je sentais qu'il fallait dire oui à Alain, son autorité naturelle sans doute, quarante ans aux fourneaux de l'Hôtel du Nord, un monsieur qui avait servi de Gaulle, pas un mur chez lui qui n'était pas consacré à sa gloire, des coupes de toutes formes, des médailles de toutes couleurs, des diplômes de confréries toutes improbables, un certificat japonais, président de l'Institut de la gastronomie française, président d'honneur du Comité national de gastronomie, président des Sociétés culinaires de Franche-comté, jusque dans ses toilettes. Un monde en soi, une obsession en vie, j'aimais ça.

– Brel est resté deux jours à l'hôtel. Il était de passage. Et il est tombé là. Il avait envie de se reposer. Ça lui a fait du bien,

Vesoul. Je me souviens, il aimait la cuisine assez copieuse. Comme ma tourte franc-comtoise, et mon confit de lapin. Il aimait le poisson, mes truites soufflées au vin jaune et aux morilles. Le vin jaune, c'est mon truc. J'ai même offert une bouteille à Jean-Paul II quand j'ai été invité au Vatican, tenez, là… la lettre pontificale… Alors, ce macvin, il vous plaît ?

★

> « Le talent, c'est d'avoir envie de faire quelque chose. Et ce n'est que cela. Et après il y a toute une vie à user. Pour essayer de faire ce quelque chose. »

★

Alain Madeleine vivait à quelques kilomètres de Vesoul, au bord d'une route sans charme. Il me faisait visiter son antre, ses victoires défilaient, on le retrouvait partout dans le monde, jusqu'assis à l'Élysée, président d'une minute, une joie simple dans sa fierté – et il était toujours d'attaque, à publier des bulletins culinaires. Le Grand Hôtel du Nord, c'était son firmament, « la plus belle maison de Vesoul », selon le Michelin et le Kléber, trois fourchettes et, sur la fin, un astérisque rouge, synonyme d'étoile à venir, qui n'est pas venue.

– Ah ! soupirait Alain, les gens du spectacle, c'est pas facile à servir. Ils sont assez… pointilleux. Capricieux. Pénibles, parfois. On servait tard pour les artistes, vous savez. On coupait en salle, on flambait, on servait au guéridon. Jusque dans les années 1980. Après, ça s'est perdu. Manque de temps de la clientèle… Brel, il était un peu lunatique. Et discret. Très discret. Dans le restaurant, il se mettait à l'écart. Il ne voulait pas que les gens le voient. Un soir, il a même demandé un repas dans sa chambre.

Sur le pas de sa porte, Alain Madeleine me tendit un cadeau, une poire, avec un petit mot gentil, une expression, quelque chose comme : « Un petit présent pour savourer le passé. »

– Quand Brel est parti, vous savez, à lui aussi j'ai donné quelque chose. Une petite terrine, qu'il avait bien appréciée. Mais il a oublié de la prendre.

XVI

Le chef du Nord m'avait fait chavirer, mais ce n'est qu'après, sur la route du retour, que je m'en étais rendu compte ; probablement à cause des appels de phares des gens du coin qui m'alertaient. La Haute-Saône venait d'être décrétée région test pour le 80 km/h, une limitation nouvelle qui faisait débat national. Je pensai au patron local du FN, pour qui l'interdit devait se traduire par des volées de nouvelles adhésions. À Vesoul, on ne parlait que de ça, de ces *salopards* de Paris qui avaient *encore* décidé de nous faire chier, 80 km/h et puis quoi encore, et par-dessus le marché, le maire de la ville qui avait décidé de changer le sens de circulation de deux ou trois rues.

Ça faisait des mois que, sur les comptoirs, la guerre civile était annoncée.

Le tout-voiture avait encore un bel avenir, quoi qu'en disent les aficionados de la croissance verte.

Il a même demandé un repas dans sa chambre.

Je me répétais cette phrase, tout à mes virages. Brel aurait-il commandé un plateau pour être seul, face à lui-même, afin de composer ? Chambre 246 ? Et si c'était ça, *Vesoul* ? Si le bruit disait vrai ? Enfermé dans une chambre, un petit chablis pour seule compagnie ? Brel aurait donc écouté le patron du Grand Hôtel du Nord lui rappelant sa promesse faite six ou sept ans plus tôt à sa belle-sœur de La Bonne Auberge ? Et pourquoi l'aurait-il écouté, lui, le gérant d'un trois-étoiles de Vesoul et non un autre patron d'un autre établissement d'une autre ville ? Pourquoi Brel aurait tenu cette promesse qu'il avait dû lancer à tant d'autres, par bonté, par sincérité – ou par souci de se sortir de situation délicate ? *Vous nous ferez bien une chanson*, sur Vesoul, sur Cahors, Arles ou Carpentras ?

Alain semblait y croire.

Tout Vesoul semblait y croire.

Tout Vesoul s'accrochait à cette version, si brélienne en un sens, romantique, évidente, facile – et redoutable.

C'était possible.

Mais tout de même improbable.

Pas dans les méthodes de Jacques Brel.

Pour un *Au suivant*, improvisé en douze minutes, fait rarissime, combien de *Mathilde* et ses deux années de gestation ? (« J'avais l'idée et l'air de la chanson depuis longtemps mais je n'ai pu l'écrire que lorsque j'ai eu l'idée du retour de Mathilde. »)

Brel écrivait beaucoup, raturait comme un forcené, jusqu'à cinquante couplets à la poubelle pour une même chanson ; plus de quatre cents écrites, pour moins d'un tiers enregistrées. Ses manuscrits sont des tableaux, les rimes portent des numéros, les alexandrins sont en bloc, ajustés, croisés ; sur ses carnets, on distingue des accolades, des flèches, des bribes et des lambeaux, des idées refoulées qui ressurgissent, deux chansons plus loin, ou trois années plus tard.

Vesoul, en une seule nuit ?

Sur un coin de table, avec un confit de lapin passé tiède ?

★

« Je suis incapable d'écrire assis, je ne peux écrire que debout et corps tendu. Après, les gens disent : "Tu as écrit ? Oui, et tu es fatigué ?" Oui, j'ai mal aux reins, et j'ai très mal aux reins après avoir écrit. Parce que je suis obligé d'avoir le corps tendu. Parce que le mot ne me vient pas si je ne suis pas tendu, comme si j'étais un coq à cracher du feu. Et j'ai mal aux reins quand j'écris, c'est ridicule, c'est dérisoire. J'ai mal aux reins, j'ai mal aux mollets, j'ai mal aux cuisses, parce que j'écris debout. »

★

Brel expliquait qu'écrire, c'était entrer dans un domaine parfaitement interdit, être troublé, jeter des mots, y revenir sans cesse, remettre sans cesse les esquisses sur le métier ; il affirmait qu'il était à contre-courant des usages de la chanson, les siennes mûrissaient jusqu'à plus soif, elles devenaient lourdes. Les plus indigestes étaient ses préférées. Toutes ces tortures de la langue, tous ces adjectifs et ces substantifs élevés au rang suprême de verbes étaient à prendre pour le suc accompli de ses mijotages. Leur sel, leur sucre, leur maladresse avaient tous le goût de la prouesse.

Elles s'embigotent les yeux baissés, Elles processionnent ou *cimetièrent à petits pas* dans *Les Bigotes.*

L'escalier colimaçone dans *Le Gaz.*

À décroisser la lune dans *Amsterdam.*

Tu peux carnavaler dans *Clara.*

Un colonel encivilé dans *Les Jardins du casino.*

Je me suis derriérisé, je me suis déjumenté, par amour pour toi, je me suis variété dans *Le Cheval.*

La chaleur se vertèbre, il fleuve des ivresses dans *Je suis un soir d'été.*

Je Panama je Partagas dans *Knokke-le-Zoute Tango.*

Avec la voix bandonéante dans *La Chanson de Jacky.*

Ou *La mort potence nos dulcinées* dans *J'arrive.*

Brel, c'était avant tout cela : un poète, quoi qu'il ait dit (il jurait s'être mis à chanter pour écrire et écrire pour composer de la musique, son but ultime). Longtemps, il avait refusé l'étiquette. Né avant-guerre, un autre monde, il prenait l'onction pour plus signifiante qu'elle n'était. Des exégètes, faits du même moule, lui avaient donné raison : « Brel a l'instinct d'un poète, mais il n'en a pas les moyens. Son drame est de le savoir. Sa dignité est d'accepter ce qui le désespère. Il fait des chansonnettes, parce que le poème chez lui reste à l'état d'ébauche » (Pol Vandromme, 1977).

Baigné dans la culture classique, Brel les croyait. Il lui était impossible d'admettre que la hiérarchie artistique n'avait aucun fondement, sauf pour eux, les embaumeurs et les académiciens.

★

> « Poète ? Ça me fait un peu peur. Ça fait un petit côté enterrement d'une part. Ça me flatte en même temps. Ça me terrorise aussi un petit peu. Je reste persuadé que la chanson est une chose qui est faite pour être chantée. Ce n'est pas une chose faite pour être lue. »

★

Brel ramenait toujours la chanson à un sous-genre, « petite fleur » ici, « aspirine » là, lève-fardeau ou calmant-minute.

Le geste.

La fougue.

L'intention.

Le reste est balivernes, le reste est dictionnaire, le reste suinte la mort et l'ennui.

★

> « J'aime les mots, c'est important les mots, on les gaspille beaucoup. J'écris beaucoup. J'ai beaucoup de respect pour un mot. Il n'y a tout de

même qu'un certain nombre de mots que l'on pèse parfaitement, que l'on comprend parfaitement. Il faut je crois des années, en tout cas pour moi, durant des années à voir les choses qui manquent, et on en a. Des choses dont on souffre, pour que tout d'un coup un mot s'allume. Dans la masse de tous les mots, il y a un mot qui s'allume. Avec celui-là on devient un peu comme son frère et on lui donne une couleur. Quand on écrit une chanson, on emploie des mots en noir, qui sont la plupart du temps des mots qu'on emploie. Et il y a des mots en couleur. Des mots qu'on sait. Et qui font partie de nous parce qu'on leur a donné un sens. On leur a donné une troisième dimension. Ce sont ces mots-là sans doute qu'on laisse tomber à regret et qu'on n'a pas envie de voir s'envoler. On a envie de les voir tomber alors on leur donne du poids. »

★

Sur la route, j'aimais ces appels de phares, cette insouciance française qui disait que tout est permis tant qu'on ne se fait pas prendre, que la loi comme les règles sont faites pour être contournées. Cette idée sotte, et belle, que tout peut devenir action et verbe, même un mot aussi laid que colimaçon.

XVII

Des haut-parleurs descendus des réverbères crachotaient Noël. Elvis à Vesoul, c'était quelque chose. Rue Paul-Morel, la mairie avait été revêtue d'un immense ruban rouge, sur toute sa façade, et l'on pouvait se demander à qui le paquet-cadeau était destiné : à ceux de l'intérieur ou aux passants ? Place de la République, le manège avalait les dernières heures, crachin glacial ou non. Sur la patinoire provisoire, à 13 ans on dragouillait comme des grands. Au loin, le King revenait sans cesse, gros et gras, « *Here Comes Santa Claus* ». Un temps, Brel avait frayé avec un de ses paroliers, Mort Shuman, auteur de *Jacques Brel Is Alive and Well and Living in Paris*, comédie musicale à succès de Broadway (1968).

Pour la plupart, les magasins étaient vides, malgré les journées continues Noël Noël et les rappels « Vesoul en fête » des ballons gonflables de la rue Georges-Genoux. Tout était fait pour rendre le centre-ville attirant, mais rien n'y faisait ; ni les petits chalets à hot-dogs à la cancoillotte, ni les petits sapins blanchis ficelés sur le pont du Durgeon, ni les bougies à pile, flamme électrique et motif boule de neige, disposées sur les tables de restaurant, ni même les vitrines décorées de la rue du Breuil. L'une d'elles proposait un étrange spectacle : un filet en grillage, de ceux qu'on utilise dans les champs, protégeait les boules bronze et argent et les guirlandes lumineuses. Comme si tout ce décorum était un piège, ou plus saignant encore : un moment gai que l'on voulait emprisonner. Une dernière vitrine attira mon attention, celle de Bouquinerie 70. Sur toute la largeur, le libraire avait fait coller une portée musicale avec les notes et les paroles « *T'as vou – lu voir Ve – zoul Et – on a – vu Ve – zoul* ». À droite, il avait punaisé une photo publicitaire de *L'Emmerdeur* (Édouard Molinaro, 1973, avec Brel et Ventura), où l'on voyait le chanteur suspendu dans les airs, à une poutre, comme si tout allait s'écrouler.

– Vesoul, c'est comme Paris, m'avait dit une restauratrice chez qui j'avais mes habitudes. Faut y être né pour aimer.

24 décembre, c'était la date que j'attendais depuis mes premiers périples en ville, une offrande que je me faisais, toucher l'âme de la cité, en ce jour fatidique où tout ressort, ressac et écume, cadeaux de la vie qui n'en fait pas et petites embûches familiales. Il y avait aussi une excellente raison de vivre *Vesoul* ce jour-là. Brel l'avait interprétée en queue-de-pie, habit noir et nœud papillon lors d'une Soirée Prestige Réveillon, diffusée en 1968 sur la première chaîne. Une version plus rapide encore que celle du disque, qui commençait musique de chambre, avec flûtes traversières et trémolos dans la voix, avant de voir Brel s'éponger, se mettre à courir, à empoigner une guitare, à s'asseoir, à gueuler *VE-Z-OUL* dans et hors micro, et, enfin, à toucher au but de la chanson : se tirer la bourre avec l'accordéon de Marcel Azzola.

Chauffe ! Chauffe !
T'as plus aimé Vesoul
Et on a quitté Vesoul
Chauffe Marcel !

Vesoul

Ce que je trouvais dans la ville-préfecture dépassait mes attentes, toute cette bonne volonté de bonne humeur me prenait à la gorge. Une annonce découverte la veille dans *La Presse de Vesoul* m'avait bouleversé : « Urgent Famille Sérieuse avec 1 enfant, seule pour les fêtes de fin d'année cherche famille sérieuse pour partager ces moments. Secteur Vesoul. Tél. : 09.XX.XX.XX. » La famille ne répondit jamais à mes appels, qu'elle devait trouver déplacés.

J'arpentais les rues, au gré des enseignes et des lumières. Je photographiais le vide des magasins fermés. À louer, à vendre, soldes définitifs ; au quinzième, j'arrêtai. L'idée de retourner voir ma restauratrice me traversa. La femme avait le sens de la formule (« En France, on a des moutons. Ici, c'est la bergerie » ou « T'as voulu voir Vesoul et t'as vu… T'as vu quoi ? Les Vésuliens. Ici, c'est l'omerta. On te dira rien. On t'accueillera mais on te dira rien »). Mais elle était dans la colère, trop dans le ressentiment, la faute aux réseaux sociaux, disait-elle, dans une petite ville, un commentaire Facebook et tout s'effondre, lien social mon cul – ce n'était pas le jour d'entendre ses râleries.

Il me restait une destination, celle qui m'importait, celle que j'avais imaginée cent fois : la cafétéria du Cora. Un lieu en souvenir de ma jeunesse jamais tout à fait perdue, manager de groupe de rock que j'étais – mon goût de la route et du *aller voir* venait assurément de cette période… J'avais 20 ans, dans une ville jumelle de Vesoul, un 31 décembre, et nous n'avions trouvé qu'un Flunch. Au bassiste du groupe qui avait choisi un kiwi, la caissière avait répondu non, non, c'est pour la déco. Cette réplique m'avait marqué à vie, elle l'avait jalonnée, comme un tournant, un bout de rien qui disait tout, un immense rire, une infinie tristesse.

Désespérance ou désespoir
Il nous reste à être étonnés

Pourquoi faut-il
que les hommes s'ennuient ?

Dans la cafétéria du Cora de Vesoul, pas de kiwi, ni de chichis, on y mangeait en silence ; les dents manquaient ; les sourires, jamais ; et les bouches salivaient de *Bouffer la soupe froide / Et ça fait des grands « flchss » / Et ça fait des grands « flchss »*. J'avançais avec mon petit plateau et mon petit carnet, ici ce sera bien, au centre des opérations et des discussions. J'entendais qu'on se souhaitait bonnes fêtes avec gaieté et espoir tout de même qu'elles passent vite, que tout passe vite, on attend que ça change, mais on ne fait que ça, attendre. La décoration rappelait les années 1980 qui auraient croisé les préoccupations du moment, sièges translucides vert fluo, fausses plantes en vrai plastique et, en immense, sur écran plat, Dieu le Père, Jean-Pierre Pernaut, qui donne la messe. Toujours là, lui ? Je n'en revenais pas. Sa présence signait la paralysie du pays.

C'est René qui entama la conversation. Ma solitude l'intriguait, un type seul, avec au menu carnet de notes et dinde sauce aux cèpes, approchez-vous, approchez-vous.

– Vous faites un livre sur Brel ? Je l'adore. Une bête de star, lui !

René me raconta sa vie, son entreprise de peinture qu'il avait lâchée, trop de taxes, maintenant il s'arrangeait… À côté de René, Catherine, sa femme, sans emploi, infirme, qui l'écoutait avec amour. Elle dégustait un café chantilly, c'est Noël après tout, et même que la serveuse lui avait mis double dose, ça débordait, ça dégoulinait, et ça nous faisait tous rire. Surtout René, un coquin :

– Moi, j'ai les épaules bousillées, je faisais soixante heures par semaine, pour des clopinettes à la fin du mois ! Je veux être enterré avec mes pinceaux – et le rouleau aussi, hein, chérie ? Tu me feras ça, dans mon cercueil ?

Catherine, toute gorgée bue :

– Victor Hugo, bientôt, çui-là !

Je ferai un domaine
Où l'amour sera roi
Où l'amour sera loi
Où tu seras reine

Ne me quitte pas

René et Catherine étaient l'amour que j'étais venu chercher à Vesoul, l'amour RSA, l'amour sans rien d'autre comme perspectives que Pernaut, Cora et chantilly industrielle. Lui, marrant et voûté ; elle, douceur extrême et corps de Coterep, il n'y avait aucun doute, ils étaient les *gens qui ne sont rien*, comme aurait dit un président de la République, élu faute de tout, ou des *sans-dents*, aurait dit un autre. René et Catherine étaient la modestie même, la petite France simple, jolie et recroquevillée, gentille et abattue, sans objectif futur ni subjectif passé ; une France dont la France se rit quand elle passe à *Questions pour un champion*, ils étaient tout ça, autrement plus dignes que ces Macron et Hollande, roitelets méprisants d'un pays en crise. Et ils étaient la tendresse absolue dans le regard, ils étaient *Quand on n'a que l'amour / Pour vivre nos promesses / Sans nulle autre richesse / Que d'y croire toujours.*

Brel et les malentendus, Brel et l'amour, Brel et les travers misogynes (*Clara*, *Les Filles et les Chiens*, *Les Biches*, *L'Air de la bêtise* et autres, bien que son répertoire soit *in fine* plus cruel pour les hommes que pour les femmes), Brel et le patriarcat (en résumé : un père, c'est fait pour voyager ; une mère, pour la cuisine ; et c'est à peu près ce qu'il a fait avec sa femme Thérèse Michielsen, dite Miche, épousée très tôt, jamais quittée, toujours trompée, et avec laquelle il aura trois filles).

À la vérité, sur l'amour, Brel était comme tous les hommes : entre perdition et supercherie. Tous les hommes, ceux de cette cafétéria, comme partout, à Vesoul comme à Bruxelles, à Vierzon comme à Varsovie. Par paresse, par pudeur, expliquait-il son *incompréhension* des femmes. Brel était l'homme d'une bataille, l'émancipation contre son origine, contre la bourgeoisie, contre ceux et ce qui empêchent d'*aller voir*. Pouvait-il en livrer d'autres ? Son entêtement à chercher, à *comprendre* l'amour le sauvait, allant jusqu'à tout larguer pour finir, amant et amoureux, à l'autre bout du monde (*Les femmes sont lascives / Au soleil redouté* des *Marquises*).

Des femmes, Brel en causait tout le temps, entre vacheries et revers. Il pouvait les estimer en dessous de l'amour, puis préciser : en dessous de son rêve d'amour. Elles étaient fruit, feu, ennemies, tricheuses, fatales, diablesses, aimées, aimantes, amoureuses, femelles, peur, brebis, bergères, torrides, étouffantes, et souvent putains. Il pouvait dire qu'il fallait trembler devant elles et que ne pas le faire, ce n'est pas « de la virilité, c'est de la sottise ». Il pouvait ressortir des idioties de buffet de gare qu'on regrette au petit matin (« L'amour, j'y crois absolument ! Mais je ne crois pas à l'éternité ») ou sortir le jugement dernier qui vous pousse jusqu'à la prochaine cuite. (« Vivre en compagnie de certaines femmes est l'acte le plus paresseux et c'est un acte de vampire plus souvent. On s'en remet doucement à l'amour d'une dame et puis, quand on a fait le tour de cet amour, on s'en va. Si c'est ça être normal et généreux… »)

Brel disait encore que les hommes sont *tellement cons* qu'ils mentent aux femmes, par crainte ou pour briller, tandis que lui, n'en attendant rien, il ne serait jamais déçu. Il pouvait chanter l'amour total, *Seul*, et *Les Cœurs tendres*, créer la plus belle *Chanson des vieux amants*, et affirmer dans le même temps que l'homme, foncièrement nomade, serait bridé par la femme, foncièrement castratrice. Écrire les plus belles chansons n'empêchait pas la banalité. Brel était maladroit, issu d'un monde fait de blocs, Est/Ouest, Hommes/Femmes, c'était sa force fragile. Mais ça ne pouvait constituer une excuse, il le savait mieux que quiconque – et chantait pour l'oublier.

★

> « Ce que je pense de la femme, je ne sais pas. Dès que les hommes disent une chose au sujet des femmes, ils ne disent que des sottises. C'est une chose absolument incompréhensible. On a écrit des milliers de choses, mais ils ne disent que des bêtises quand ils parlent des femmes. Toujours et tous. Et tout le temps. Par contre, les femmes ne disent pas toujours des sottises quand elles parlent des hommes. »

★

Ses biographes étalaient ses amours, comme de misérables conservateurs du *musée des amours ratées.* Celle-là, combien d'années ? Celle-ci, combien de mois ? Ils noircissaient leurs pages d'histoires foirées, comme si chacune rendait Brel plus humain, moins grand, plus proche ou plus mortel, Brel commun, Brel comme nous. À Montréal, où il se rendait souvent, on me certifiait même que Brel aurait eu un fils caché – jamais retrouvé, son prétendu restaurant étant désormais fermé. Des guides touristiques réputés allaient jusqu'à situer le lieu de création de *Ne me quitte pas*, un bar de Montmartre, toujours debout, Au Rêve, voisin de l'appartement d'une comédienne, un temps maîtresse de Brel, mais ça relevait plus du fantasme que de la réalité (*Ne me quitte pas*, composé à Bordeaux, est de toute façon universel).

★

> « *Ne me quitte pas*, c'est un hymne à la lâcheté. À la lâcheté des hommes. C'est jusqu'où un homme peut s'humilier. Je sais qu'évidemment ça peut faire plaisir aux femmes qui en déduisent, assez rapidement semble-t-il, que c'est une chanson d'amour. Et ça les réconforte ; et je comprends bien ça… »

★

Dans la salle de la cafétéria du Cora, Catherine et René incarnaient tout cela, le fol amour à l'état nu. Ils s'octroyaient un moment de répit, en amoureux, avant la course des courses de Noël, le réveillon à préparer, les derniers cadeaux. Catherine avait des projets, elle avait vu des idées sur YouTube.

C'est alors que le fiston s'approcha, Vincent, 20 ans, un sweat à capuche *Official US Marshall*. Catherine me présenta :

– Ce monsieur vient de très loin. Il écrit un livre.

Vincent était impressionné, bon-bon-bonjour, il était gêné, sa parole s'envolait, elle lui échappait littéralement, il semblait la regarder comme un corps étranger, triste et excité. Vincent enchaînait stage sur stage ; là, il empilait des cartons de pare-chocs chez un sous-traitant de Peugeot.

– Les stages, ça m'a dressé à faire comme eux, dit-il.

Vincent parlait du passé comme du paradis ; nostalgique d'un temps qu'il n'avait pas connu. Sa mère essayait de le convaincre de se projeter.

– Ah, non, mon chéri, tu sais, on vit mieux aujourd'hui.

Lui, les yeux dans sa forêt-noire :

– Je voudrais tout remettre à zéro… tu sais, maman, comme dans les jeux.

Puis, se tournant vers moi, Vincent me demanda :

– C'est comment de prendre l'avion ?

XVIII

Il fallait grimper assez haut pour s'approcher de la piste. L'aérodrome trônait sur les hauteurs de Vesoul, vers le nord-est, dans un plateau boisé. Une petite tour de contrôle, un petit bâtiment blanc, quelques petits hangars, c'était modeste et imprenable. On entrait là-dedans sans autre formalité, le *club-house* semblait fermé depuis une éternité, l'escalier vide, les bruits de pas rares. Au loin, un monomoteur ronronnait.

Sur la piste, un amateur se courbait sur son avion, le faisant avancer à la main. En m'approchant, je compris que l'aviateur ne poussait pas son joujou, mais le montait, pièce par pièce, aile par aile, fuselage et compagnie. Sa mine radieuse me renvoyait à celle qu'arborait Brel sur plusieurs pochettes. Adossé à une aile, en complet beige, devant un avion bleu ou, plus libre encore, assis carrément sur une aile, la clope au bec, pull marin et jeans retroussé.

Sur un coin de table du bar de l'aérodrome était posé un vieux classeur gris qui contait l'histoire sans histoire de l'aéro-club de Vesoul-Frotey.

J'allais enfin connaître la vérité.

Je voyageais déjà.

La première femme aviatrice ; les avaries de légende ; ou le téléphone qu'on y posa en 1959 pour s'accorder avec les délicates manifestations voisines, type manœuvres militaires ou tirs au pigeon. Jusqu'au milieu des années 1960, la piste était en herbe, courte et bosselée ; un article ancien évoquait à quelle catégorie elle appartenait, la dernière, en raison de son *relief tourmenté*. Délicieuse expression.

Hélas, à mesure que j'arrivais aux bonnes années potentielles, 1960 et 1967, l'accélération de mes battements de cœur ne serait pas couronnée. Le classeur ne contenait aucune ligne sur Brel, pas la moindre mention, pas la moindre brève, aucune photo.

Le Belge à l'aérodrome de Vesoul, ça sentait l'impasse.

★

> « Si je fais une ânerie sur scène, je ne risque jamais ma peau. Une ânerie en avion, on risque un peu sa peau. On est maître de sa carcasse, on remet tout en question, on redevient jeune, je trouve. On a 15 ans, on est Vasco de Gama. Les hommes sont faits pour être Vasco de Gama et pas employés de bureau. »

★

Le premier coucou de Brel était un Gardan Horizon, acquis en 1964, avant un Wassmer 421 en bois, rouge et blanc, acheté en soutien à une poignée d'artisans d'Issoire, puis un troisième, un cinquième, et le dernier, le plus beau, son *Jojo*, du nom de son complice, un Beechcraft Bonanza, bimoteur, couleur rouge, or, blanc. *Jojo* que Brel emmènera aux Marquises, après son tour du monde à la voile avec Maddly Bamy, dernier amour de sa vie, une ex-Clodette, actrice à la peau guadeloupéenne, qui l'avait subjugué sur le tournage de *L'Aventure, c'est l'aventure*.

De la mer, il aimait l'étendue. Du ciel, sa loi. Des deux, qu'on puisse se mesurer à elles, comme lui, enfant, pédalait autour de la maison familiale jusqu'à s'évanouir ou, adulte, chantait sur scène jusqu'à la petite mort, souffle coupé. Être ébloui par un avion qui décolle, succomber au viol d'une loi élémentaire, aimer s'arracher à la pesanteur ou au calme plat, ça n'était rien d'autre chez lui que l'amour de l'acte gratuit.

– Brel ici ? Jamais entendu parler de ça.

La secrétaire de l'aéro-club, à l'étage, m'avait répondu avec cet aplomb que doivent avoir les secrétaires dans un monde d'hommes. Fallait pas trop discuter. Elle proposa de passer quelques coups de fil, à des anciens du club, de ceux qui ont volé et qui en ont vu voler, ici.

Même réponse.

Brel ? Inconnu au bataillon des aviateurs de passage.

★

« Dès qu'on fait les choses, on devient d'une humilité fantastique, dès qu'on va voir, on a vraiment peur. Sur les terrains d'aviation, j'ai piloté longtemps en vol à vue. Il y a deux sortes de gus. Il y a le gus qui arrive, il est à côté de son avion, et il dit avec ce temps-là y faut pas y aller et lui il a toujours raison, bien sûr, il a toujours raison. Et y a les autres gus qui disent il faut aller voir. Alors on décolle. On a un peu peur, on a même bien peur, on revient, on fait demi-tour, on passe ou on ne passe pas. Ça n'a pas d'importance. On est allé voir. Et si c'est un échec, on l'a mérité. C'est ou parce qu'on a eu peur en route, ou parce qu'on n'est pas assez bon pilote, ou… mais c'est soi, et les autres, effectivement, ne se trompent jamais. »

★

Je n'avais pourtant pas rêvé – même la mairie de Vesoul, pourtant peu diserte sur Brel en ville, avait certifié la chose. Dans sa plaquette de propagande touristique (on y vendait Vesoul comme Venise, quasi), édition récente, il était bien écrit : « Le Grand Jacques se remémore une panne d'avion qui, bien malgré lui, l'immobilise à Vesoul et lui inspire le fameux *T'as voulu voir Vesoul.* »

Il existait même une version, racontée par le chanteur Carlos dans ses Mémoires, faisant état d'un second atterrissage sur la piste : « La première fois que j'ai rencontré Brel, j'étais avec Johnny et Sylvie à Grenoble, et il m'a proposé de me ramener à Paris dans son avion personnel, un petit monomoteur. Durant le voyage, je lui avais demandé pourquoi il s'était attaqué à la ville de Vesoul. Il a alors fait un détour pour me montrer l'endroit, où il a d'ailleurs fait le plein, avant de regagner l'aérodrome de Guyancourt. »

Le mystère tournait à la légende.

Je volais, je le jure
Je jure que je volais
Mon cœur ouvrait les bras
Je n'étais plus barbare

Mon enfance

– C'est bien possible, concéda un homme jovial que la secrétaire m'avait présenté comme le président de l'aéro-club. Mais tout de même, vu l'état de la piste à l'époque, il a dû galérer, Jacques Brel. Un bimoteur, entre les arbres, sur une piste si courte ? Fallait être casse-cou !

Les vétérans, au téléphone, avaient affirmé la même chose. L'un d'eux se souvenait même de l'orientation des pistes, je comprenais que pouic à ses histoires d'angle, mais je sentais qu'elles avaient leur importance.

Il n'y avait aucune raison de ne pas croire ce beau monde, que j'étais venu déranger sans prévenir et qui m'accueillait à bras ouverts.

Les posters de Cessna donnaient l'étendue de la douce folie qui régnait dans ces murs. Un monde d'amoureux, presque à l'écart, presque à l'arrêt, de *gus*, et d'Icare, où l'on parle plus d'avion que l'on en pilote – la faute au prix du carburant. Dans le bureau du président, un adolescent récitait le Code de l'aviation, en vue de son brevet. Il avait l'âge du Vincent, du Cora.

Le président ajouta :

– Aujourd'hui, peu d'avions atterrissent ici. Quelques locaux et quelques avions d'affaires, des Allemands qui viennent acheter du bois, et qui repartent, c'est tout.

Alors que j'allais quitter les lieux, déjà en haut de l'escalier, le président se mit à pousser un petit cri, la secrétaire me fit signe de retourner le voir, attendez une seconde, dit-il – c'était une joie sincère qui s'emparait de lui –, il y a peut-être quelqu'un qui pourrait vous renseigner, oui, j'y pense, Philippe Coffinet, un médecin de Vesoul, qui est chez nous, au club. Il a connu Brel, sur la fin de sa vie. Lui, il saura. Je vais lui laisser un message.

XIX

Ils sortaient de la messe de minuit comme d'un deuil, tous en gris, à pas pressés, les mines dépitées. Le curé de l'église Saint-Georges avait bien tenté l'humour (« On a perdu l'acte de naissance de Jésus, alors, comme il y avait une fête païenne qui célébrait la lumière le 25 décembre, on a pris cette date »), ses paroissiens semblaient ailleurs. Sa blague sur les consoles de jeux n'avait, elle aussi, arraché que de faibles sourires, et encore, forcés (« Aux enfants, cet après-midi, je leur ai demandé : Quel est le plus beau cadeau ? La Game Boy, la Nintendo ? Je leur ai dit : La Playstation, le machin, ça ne vaut rien. Ils m'ont regardé, ils m'ont dit : Mais si, ça vaut cher »). Le prêtre avait dû finir par se rabattre sur les fondamentaux : « Aujourd'hui, c'est la lumière. Il est là. Dieu a pris l'habitude de s'abaisser pour parler à l'homme, par Jésus, l'homme incapable de se livrer. Laissons-le venir prendre chair parmi nous. »

À l'entrée de la nef, un écriteau tendait la main pour les chrétiens persécutés dans le monde. Ça faisait vingt ans que je n'avais pas mis les pieds dans une église, rien ne semblait avoir bougé. Encore que celle que j'avais connue, en pleine Goutte d'or, à Paris, l'église Saint-Bernard, fut un paradis provisoire, champ de bataille des sans-papiers, 1996, plus belles vacances d'été de ma vie. Ce 24 décembre 2017, à Vesoul, c'était comme un retour brutal au monde figé, celui des croyances et des croisades, de l'abbé Brel des débuts, de l'immobilisme comme art de ne pas vivre, *Faut vous dire, monsieur / Que chez ces gens-là / On ne pense pas, monsieur / On ne pense pas, on prie…*

Par petits groupes, ils sortaient de l'église, satisfaits de s'être comptés et de se séparer aussitôt. Les grands-mères tenaient les petits par la main, les mères se saluaient sans chaleur et les pères cherchaient leur clé de voiture. Au loin, sur le parvis, trois policiers municipaux surveillaient le rituel et mon ami Jean-Marc, un SDF.

Si T'étais le Bon Dieu
Tu f'rais valser les vieux
Aux étoiles

Toi, toi, si t'étais l'Bon Dieu
Tu allumerais des bals
Pour les gueux

Toi, toi, si t'étais l'Bon Dieu
Tu n's'rais pas économe
De ciel bleu

Le Bon Dieu

Jean-Marc avait débarqué à Vesoul quatre années plus tôt, au tournant de ses 50 ans. Il me jurait que c'était la chanson, tu sais, *J'ai vu Vesoul, j'ai vu Vesoul*, qui l'avait conduit ici depuis Saint-Étienne, et aussi des conseils d'amis, qui lui avaient suggéré que Vesoul, c'était pas cher. Jean-Marc avait été serveur en Normandie, même patron à un moment donné, mais l'État m'a tout pris, je l'emmerde d'ailleurs l'État, il m'a pas aidé, je l'aiderai pas, et Jean-Marc s'était retrouvé à la rue. Nous nous étions croisés à plusieurs reprises, devant le Carrefour City, centre-ville, où il avait ses habitudes et sa clientèle. Mais ce n'était que ce soir-là, dans le vent glacial de décembre, que j'avais osé franchir le cap, *aller voir*, aller parler, sur les marches de l'église, au sortir de la messe.

– Ma première manche, j'étais bourré… tu vois, bourré… La première fois… Parce qu'il faut quand même ravaler sa… sa fierté… Puis, après, bon… *Oh, merci, madame, bonne soirée.* Sans bière, je me sens pas bien, mais vraiment pas bien à l'aise… Le problème, il est là… C'est que je peux pas… Il faut quand même une ou deux bières pour pouvoir faire ça… *Joyeux Noël, monsieur.* On y arrive… Heureusement, parce que sinon je pourrais pas me nourrir. Ce soir… je me nourris de… comment on appelle ça ? De raviolis, c'est ça.

– C'est ce que vous mangez pour Noël ?

– Oui, des raviolis froids. C'est tout ce que je peux manger, j'ai plus d'électricité, j'ai plus rien chez moi… Mais on y arrive… *À vous aussi, Joyeux noël, madame, oui… merci.* Et j'y arrive, tranquille, peinard… Et voilà… Oui… Oh, putain, il fait chier ce putain de jeans…

– Qu'est-ce qu'il a ?

– Ben, il descend !

Faut mettre une ceinture, Jean-Marc.

– Non, le matin il est bien… le matin, il est bien… *Joyeux Noël, m'sieurs dames.* Le soir il est pas bien… Y se détend… C'est pas grave… Voilà… *Merci, et… bonne soirée ! Vous aussi !*

★

« De temps en temps je me fous en pétard et je gueule contre les bourgeois. Et quand je dis contre les bourgeois, c'est pas contre les bourgeois. Il y a beaucoup plus de bourgeois chez les jeunes. Ils parlent que de bagnoles, ils parlent que de trucs comme ça. Et ça me fait mal, enfin. Ça me fout en rogne. Et les bigotes, c'est la même chose. J'ai envie d'être tout le temps pour. Mais dès que je suis pour quelque chose, on dit que c'est du prêchi-prêcha. Alors j'ai pris un petit peu l'inverse. Je m'énerve là. J'ai plein de chansons pour. »

★

Le ballet des fidèles s'étirait, jusqu'à n'en plus finir, l'église se faisait Cora, point de brassage où chacun se serait mis sur son trente et un, les chirurgiens de l'hôpital géant de la ville comme les vendeuses du petit Monoprix, les gradés de la préfectorale comme les morts à crédit des villages voisins – seules leurs voitures les distinguaient – entre une BMW neuve et une négociée sur Le Bon Coin, on sait rapidement qui gagne quoi.

Cette messe-là, Jean-Marc était venu sans sa chienne, laissée en garde, à cause de ses genoux qui le broient et, elle, la chienne, qui le tire, l'emporte, la dernière fois, ça c'était fini à l'hôpital. Jean-Marc était adossé contre le porche, son ventre en avant, sa barbe sans taille, et sa canne pour seul soutien.

– Alors, je vais te dire ce que j'ai fait cet après-midi... Tu veux, David ? Je... *Oui, madame, vous avez raison... La joie dans le cœur, madame. C'est déjà pas mal...* Je me suis pris une p'tite coupe de champagne. Si ! Chez le caviste, en face du Carrefour. Oui... tranquille : Joyeux Noël ! Joyeux Noël, Jean-Marc ! Tu sais, j'adore le champagne ! Moi si je gagne 138 millions d'euros, le premier truc que je fais, c'est : je me baigne dans une baignoire de champagne. Et je bois tout le champagne qu'il y a dedans ! Bourré, pas bourré...

– C'est vrai ?

– Ah, oui, oui... Ça, c'est mon rêve.

Je regardais Jean-Marc faire, tendre la main sans se courber, dire merci sans mentir, il n'y avait ni haine chez lui ni ressentiment, les passants étaient des clients et, s'il n'était pas commerçant, Jean-Marc connaissait les règles. Il refusait mon aide, que je lui ramasse sa canne jaune, tombée à terre, ou que je lui propose de le raccompagner chez lui, à l'étage, trop haut pour ses genoux.

– Et toi, tu fais quoi ici ? me demanda-t-il.

– Moi ? J'écris un livre sur la France d'aujourd'hui et sur… comment dirais-je… sur ce qui reste de Brel.

– Sur Brel, ici, il reste *J'ai vu Vesoul, j'ai vu Vesoul…*

Et Jean-Marc se mit à chantonner, puis à pousser assez loin, et plutôt fort, rictus de la police, sourires gênés des paroissiens.

– Voilà, c'est ce qu'il reste de Brel. Enfin, moi, c'est ce qui me revient dans le cerveau… Brel… c'est un maître, hein ? *Joyeux Noël, les enfants !* Brel, pour moi, c'est un maître. Je l'adore. Même si ses chansons, je les aime pas toutes… Avec lui, ça rentre dans mon oreille, et je me dis : ça, c'est du Brel… C'est du Brel, ah oui, ah oui, c'est du Brel.

– Ça veut dire quoi « c'est du Brel » ?

– C'est comme le champagne… mais c'est du Brel !

– Et qu'est-ce que vous aimez chez lui ?

– Sa dérision. Sa dérision sur les bourgeois. Je vais t'expliquer une chose : mon grand-père maternel était un bourgeois, ma mère était une petite bourgeoise, mais mon père était un fils d'ouvrier… *Bonsoir, madame, vous allez bien ?* Il a monté, tu me diras, mon père, il est devenu agent. Bourgeois, quoi. Mais… moi, Brel, j'aime, il se foutait de la gueule des gens ; des bourgeois, tu vois, des petits trucs comme ça…

– Et vous aimez ça, les gens qui emmerdent les autres ?

– Ah oui, moi, j'adore ça ! Les gens qui emmerdent les gens ! De toute façon, je me suis engueulé avec mon père…

Et quand vers minuit passaient les notaires
Qui sortaient de l'hôtel des Trois Faisans

On leur montrait not'cul et nos bonnes manières
En leur chantant
Les bourgeois, c'est comme les cochons
Plus ça devient vieux, plus ça devient bêtes
Les bourgeois, c'est comme les cochons
Plus ça devient vieux, plus ça devient…

Les Bourgeois

Au gré des rencontres, après *Vesoul* et *Ne me quitte pas*, *Les Bourgeois* finissaient immanquablement par débouler. Ça riait, ça gueulait, ça ajoutait des rimes et des insultes, des souvenirs et des voisins, mais, tout de même, il y avait toujours dans l'interprétation de l'hymne un soupçon de crainte, la peur larvée d'être devenu ce que la chanson racontait, un arrière-goût de reflet et de rejet. *Les Bourgeois*, chanson fétiche, quasi vaudoue, est unique en son genre : à l'inverse des autres, on ne vieillit pas avec elle, c'est elle qui nous regarde vieillir.

Sauf là, soir de Noël à Vesoul.

Sauf avec Jean-Marc.

Ses *Bourgeois* sonnaient comme un *Bella Ciao*. Il n'y avait ni second degré, ni rires jaunes, ni méchanceté – un pur moment de vérité.

Et c'est en sortant vers minuit, Monsieur le Commissaire
Que tous les soirs de chez la Montalant
De jeunes « peigne-culs » nous montrent leur derrière
En nous chantant…
Une petite pièce, madame ? Joyeux Noël, monsieur
Les bourgeois, c'est comme les…

Les Bourgeois

XX

– Vingt dieux, je vais te la raconter l'histoire !

Magnin ne tenait plus en place. J'écoutais l'éditeur, bouche bée, comme un ami revenu, après des années. Le croire ou non avait autrement moins d'importance que la joie des retrouvailles.

– Ce que je vais te dire, je le tiens de la patronne de La Bonne Auberge, Mme Kielwasser.

– 1960 ?

– C'est ça ! C'était une vieille dame, tu vois, quand je l'ai vue. Une très vieille dame. Son mari était mort depuis longtemps. Elle avait encore le livre d'or de l'auberge, tout ça. Elle m'avait en considération, elle connaissait mes bouquins et savait que je parlais bien de Vesoul, que j'aimais le commerce à Vesoul. Alors, elle s'est épanchée. Voilà, écoute bien, à l'époque, à La Bonne Auberge, ils avaient une belle barmaid, une belle fille. Brel était là, donc… C'est Mme Kielwasser qui me raconte ça. Pas moi, hein, c'est elle. Écoute bien, c'est du génie. Cette dame, tu vois, toute propre, sortie de La Bonne Auberge et de ses relations avec son mari, elle n'a jamais voulu faire du feu ou du foin… Elle commence à me raconter… il y avait donc cette belle barmaid qui était là, et qui avait bien reconnu que c'était Jacques Brel, et tout ça. Une fille pimpante, qui servait.

– Elle s'appelait comment ?

– Ça, je ne m'en rappelle plus. Mais attends, attends… Brel, pas insensible, tu vois, assis au bar, sur son tabouret, il est là, Mme Kielwasser est là, M. Kielwasser est là. La famille avait déjà une haute autorité, une grande science du relationnel sur Vesoul…

– Oui, quoi ?

– Attends, vingt dieux ! À moment donné… cette fille… cette barmaid…

Et soudain Magnin se tut. Il m'épiait, amusé – conteur total. Il m'avait promis du théâtre, il sonnait les trois coups, et il tenait à ce que je sois bien installé, aux premières loges.

– Je te le dis : tu vas faire du chemin avec cette anecdote… C'est parce que t'as une bonne gueule, autrement, je ne te raconterais pas ça.

Pascal claqua ses doigts, coup de théâtre, pour de bon, et se leva :

– Et cette barmaid, blonde, brune, je ne sais plus…

– Elle se lève ?

– Non, non, c'est moi qui fais du cinéma ! La barmaid avait bien compris qu'elle était matée, elle avait repéré le jeu de Jacques Brel, tout émoustillé. Puis le luxe, l'alcool aidant, le père Kielwasser, les confidences…

– Et…

– Et tout à coup, une énième fois, passant devant Jacques Brel, la barmaid lui prend la cravate comme ça : « T'as voulu voir Vesoul ? Eh bien, tu vas voir Vesoul ! »

XXI

L'épisode avait commencé par des fous rires contenus, une douce gêne au premier rang, vous comprenez pas, m'sieur, s'amusaient les yeux de la bande de dissipées du troisième rideau, mais voyons, se moquaient de moi les ados du fond ; et Brel qui chantait *Vesoul*, il avait déjà dépassé Honfleur, Anvers, Byzance et cavalé jusqu'au Cantal ; et moi qui cherchais vainement une explication à ce foutoir – enfin, ce fut l'éclat de rire général dans la salle de classe.

– *J'ai voulu voir ta sœur / Et on a vu TA MÈRE*, vous voyez, m'sieur, pour nous, ça sonne comme une insulte.

Le directeur du collège avait dit oui d'emblée, un atelier d'écriture avec les élèves, ça tombait sous le sens qu'il était preneur. Maryse, la secrétaire de l'établissement, avait fendu la foule transie des badauds de la gare de Vesoul pour venir me chercher, jour de fête, en bas noirs étoilés d'or, chaussures bicolores et jupe tutu. Les profs s'étaient pliés en quatre, celle de français et celle d'espagnol, quant à Natacha Courtoisier, la documentaliste, elle suivait le dossier atelier de près. Au premier rendez-vous, elle s'excusa de me faire attendre : elle concluait un café-philo dans son antre, le thème (peut-on être bien habillé sans habits de marque ?) comptant moins que la libération de parole (une fillette de 10 ans, en pleurs, racontait ses peurs, sa sœur qui la cogne et l'assistante sociale qui pourrait répéter).

★

Collège Pontarcher
70000 Vesoul

Vie Scolaire
Vendredi 26 Juin 1987

Procès-verbal de la séance du Conseil d'Administration

Du sondage réalisé auprès des enseignants et de leurs élèves, émane le nom de Jacques Brel, porté déjà par la place voisine de la cité scolaire.

Vote avec 19 membres présents :

Pour : 9
Contre : 5
Abstention : 5

Le nom de Jacques Brel est donc retenu.

★

J'y étais enfin, là où l'apprenti cuisinier du Cora étudiait ; là ou Christophe le pizzaiolo avait fait ses classes ; « au Jacques-Brel », comme on dit à Vesoul, avec une touche de dégoût qui confine au mépris. Le collège du Montmarin, le pestiféré aux vingt-neuf nationalités : devant moi, les 4e D dessinaient un Atlas, France, Portugal, Kosovo, Maroc, Turquie, Algérie, Espagne, Laos, Haïti, ils étaient le bout du monde, autres ballottés de la mondialisation que Monnier, du FN, ne voulait pas voir. *TA MÈRE ! Comme toujours !* Dans les couloirs, on entendait des dialectes d'Afrique centrale, des voix arméniennes et albanaises, le directeur m'avait prévenu :

– La petite Bulgare qui vient d'arriver, en trois mois, elle saura parler français, vous pouvez en être sûr.

Ce collège Jacques-Brel, c'était à la fois la France qui aurait touché le fond, six enfants sur dix issus de familles défavorisées, et ce qui restait tant bien que mal de la République à bout de souffle. Dans les couloirs de l'administration, Brel était en bonne place : en photos de Leloir, sous la poussière. Le Brel fumeur, loi tabac oblige, avait dû être déporté au sommet d'une étagère, dans le bureau du principal. Quant à son portrait en mosaïque, prévu à l'entrée du collège, il se racontait que la famille du chanteur s'y était opposée, c'était l'époque où la même avait poursuivi un fan, coupable d'avoir versé quelques chansons sur un serveur Internet, trop vite, trop tôt ; de toute façon, la céramique, ça aurait été trop cher.

Dans la classe, un petit malin répétait jusqu'à ce que je lui fasse un signe :

– M'sieur, *Vierzon/Vesoul*, on dirait un p'tit clash, vous trouvez pas ? C'est un rappeur, ce Jacques Brel. D'ailleurs, il chante vite. Il parle vite.

– Et puis, c'est notre collège, ajouta sa voisine. Jacques-Brel : les gens en disent du mal en ville, mais c'est le nôtre, et il est bien.

★

> « Je crois que les rêves sont un petit peu terminés à 20 ans et qu'on passe sa vie ou à y renoncer, ou à se battre pour leur réalisation. Voilà à quoi je crois. »

★

La première rencontre avec la classe fut l'occasion de briser la glace, comme l'on dit dans mon Québec en quittance. Les élèves avaient fleuré bon l'après-midi à rien faire, à discuter avec un type d'une autre ville, à lui dire tout et n'importe quoi, à opiner du chef devant l'incompréhensible et ses sornettes, c'était bon à prendre, du moment que la sonnerie sonne, et vite. Pelin, pleine de malice et d'à-propos, un peu meneuse, un peu rêveuse, trancha :

– Brel, on connaît pas. On peut pas s'attacher à lui. C'est le vieux que vont aimer les vieux.

Cette demi-entente faisait partie du jeu, on écouta, sur un misérable ampli, toutes les enfances chantées par Brel, *Regarde bien petit*, *La Colombe*, *Fils de…*, *Quand maman reviendra*, *Mon enfance*, *L'Enfance* ou *Rosa*, variation latine d'un autre temps (*C'est le tango du collège / Qui prend les rêves au piège*). Je cherchais la blague, le sous-entendu, la complicité, la confiance, comme avec mes propres enfants, et c'était souvent raté, comme avec mes propres enfants. Mais il fallait continuer, tenir, il fallait faire mentir ce que Brel avait dit, avec tant de justesse : « Un jour, j'ai perdu le respect des adultes. Pendant longtemps je m'étais dit : "Ils jouent aux idiots." Et, un jour, je me suis aperçu qu'ils ne jouaient pas. »

Et puis, avec *Les Bonbons*, les choses s'arrangèrent dans la classe. Peu à peu, tous ces Vasco de Gama, comme Brel se rêvait enfant, se mirent à voyager. Et à lever le doigt. Et à participer. Un réfugié haïtien s'élança :

– Je connais une musique… *Ne me laisse pas… Ne me laisse pas… Ne me laiiiiiiiiiisse pas…*

On causa de leur vie, de leur quotidien, de Vesoul, les garçons faisaient les garçons, les filles gloussaient. Tous étaient ce que Brel guettait, non pas la jeunesse perdue, mais l'émerveillement à portée de main, l'envie d'*aller voir*, quand tout est ouvert, quand rien n'est joué, l'avant-mensonge des vieux.

– Ce qu'il y a de beau à Vesoul ? Cora ! Et il y a Micromania, pour les jeux.
– Et un McDo !
– Il y a même deux McDo ! Et un Burger King !
– Pourquoi c'est beau le McDo ?
– Parce qu'on peut y entrer. Et rester.
– Et quoi d'autre ?
– Oh, m'sieur ! Les tours du Montmarin !
– Ah ! Les voitures brûlées ! Les poubelles en feu !

Leur monde s'appelait YouTube, les séries étaient leur royaume. Les élèves connaissaient tous les brisés de *Prison Break*, les répliques de *Narcos*, les blagues de Cyprien, celles de Norman, les morts-vivants de *Walking Dead*, et les héros de *La Casa de Papel*. La meneuse reprit la parole :
– La violence « violencetée », j'aime bien. J'aime le sang.
– Mais pourquoi ?
– J'aime le combat… Comment on dit ? J'aime me défendre. Me défendre des gens qui pourraient nous faire du mal, des violeurs…
– Tu disais plus tôt que tu n'aimais pas la violence…
– Oui, la violence conjugale.

De l'autre côté de la rue, un jeune adulte s'était taillé une petite réputation, Cowar, YouTubeur de service et du Montmarin. Cowar était intérimaire chez Peugeot, bon footballeur ; sur une de ses vidéos, on le voyait avec son fils au Shibuya Crossing à Tokyo, en train de vociférer *T'as voulu voir Vesoul.*
– Papa, pourquoi tu chantes toujours cette chanson-là ?
– Tu vois, on a fait les plus belles villes… Kuala Lumpur, Singapour, Tokyo, eh bien, c'est rien comparé à ma ville natale… Vesoul !

Sa reprise était comme un pied de nez au *On est chez nous*, chanson de stade, volée par le Front national dans ses meetings. Cowar faisait de *Vesoul* un étendard, du judo poétique, un front renversé. Malgré son accord, on ne se rencontra jamais. Cowar venait de quitter la ville, pour plus ensoleillé.

De Jacques Brel, certains élèves avaient vaguement entendu dire qu'il avait atterri ici. Son *Vesoul*, c'était comme les bagnoles brûlées du quartier, l'interprétation de Cowar, la satisfaction d'être reconnu, sirènes de police ou sirènes du succès, ça revenait au même.

– Il y a une légende autour du Sabot de Frotey-lès-Vesoul, là où est venu l'avion de votre chanteur. Il y a longtemps, un ogre s'est promené dans la région, il a perdu un sabot, où il y a l'aéroport maintenant. Et son sac de terre s'est percé et ça a donné la Motte, la colline qui regarde Vesoul. C'est mes parents qui m'ont dit ça.

L'enfance
Qui peut nous dire quand ça finit ?
Qui peut nous dire quand ça commence ?
C'est rien avec de l'imprudence
C'est tout ce qui n'est pas écrit

L'Enfance

L'univers de Brel était facile à résumer, difficile à surmonter, impossible à trouver : son idéal était fait de pureté, de terrains vierges, d'immaculée conception, c'était le nomadisme, le jardin d'Éden, paradis-illusion. Il était cette Amérique du Nord illusoire que je quittais, où l'on se prépare toujours à aller plus à l'ouest, au loin. La révélation fut l'Occupation quand, à 10-12 ans, il comprit les mensonges des Hommes, tous adultes et immatures.

Brel enfant fera du Far West son image originelle, sa relique, et d'entretien en entretien, cette contrée imaginaire constituera et le but de sa vie, et son impossibilité. Brel en réalisera même un film, son second et dernier, au scénario foutraque et à la réalisation médiocre. Sa ballade est franchement ratée, mais l'œuvre tellement éloquente, dernier pied de nez au confort et à la prudence, ultime prolongement de *L'Enfance* (qu'il compose pour l'occasion). La participation amicale de Danièle Évenou, Juliette Gréco, Michel Piccoli, Claude Lelouch, et, une ultime fois, de Lino Ventura, n'y changera rien. Le long-métrage sera démoli à Cannes ; une descente en flèche qui décidera Brel à tout lâcher. Moins par orgueil – combien de fois, pourtant, avait-il reconnu être arrogant (*Et moi, moi qui suis resté le plus fier / Moi, moi je parle encore de moi*) – que par tristesse de ne pas être suivi. Non seulement on lui avait volé son idée infantile du Far West, mais on piétinait toute possibilité de résurgence.

Mon enfance passa
De grisailles en silences
De fausses révérences
En manque de batailles
[…]
Je devenais indien
Pourtant déjà certain
Que mes oncles repus
M'avaient volé le Far West

Mon enfance

Tout le moteur-malheur de Brel était là, il y avait eu arnaque, il y avait eu usurpation, il y avait eu tromperie. Il lui avait fallu résister, ne jamais quitter l'enfance, croire encore au Far West, comme aux belles histoires de son père du temps de ses années d'import-export au Congo – tout en sachant qu'il est plus dur de désapprendre que d'apprendre.

La seconde rencontre avec les élèves du Jacques-Brel fut celle du ramassage des copies, deux mois plus tard. Sur une simple feuille, les élèves avaient dû discourir sur des thèmes typiquement bréliens, et qui pouvaient les toucher.

Le rêve, l'enfance, la vieillesse.

Les 4e D s'étaient appliqués, pour la plupart, enfin conquis. Pelin, la meneuse, une nouvelle fois :

– Je pensais pas que parler de Brel, on allait parler de nos rêves. Je savais pas que c'était possible.

Waël voulait tenter la NASA ; Haytham devenir policier ou gendarme ; celle-ci s'imaginait chanteuse ; Louanne, pédiatre ; elle, elle rêvait en points de suspension ; Ludivine voulait découvrir des villes immenses comme New York ou Monaco ; Emirhan se retirer dans ses Marquises, une île toute calme pour jouer aux jeux vidéo ; Lorie assurait qu'il faut bien travailler au collège pour ne pas voler et éviter d'aller au commissariat ; Pelin songeait à une famille parfaite, un mari qui te respecte et qui t'aide quoi qu'il arrive, elle citait Brel, « Tu d'viendras Rockefeller » ; Mylène, quand elle sera vieille, ne voudrait avoir aucun regret ; Johanna craignait, souvent, écrivait-elle, de ne pas réaliser ses objectifs, par manque de moyens ou manque d'argent.

Au moment de se quitter, ils me demandèrent si c'était vrai que je reviendrais.

– Oui, promis. Comme Brel, à Vesoul, plusieurs fois.

Cette fois, je crois bien qu'ils sourirent à mon dernier bon mot.

XXII

Les manuscrits de Brel ressemblaient aux feuilles volantes des collégiens du Jacques-Brel. On trouvait de tout, des cahiers grands carreaux, des cahiers petits carreaux, aux formats divers, de marques variées, Heraklès, Hippocampe, Le Calligraphe, avec spirale ou brochés. Sur eBay, j'avais déniché un catalogue de ventes, salle Drouot, Paris, 3 juin 2003. La majorité des objets mis aux enchères provenait d'une maison de Roquebrune-Cap-Martin, Côte d'Azur, que Brel avait occupée avec une de ses régulières, lieu qui l'inspirera plus qu'aucun autre (face à la Méditerranée, il écrit et réenchante son *Plat pays*).

Quatre-vingt-quinze lots, une dispersion, en termes du métier, que les héritiers avaient fait interdire, avant que Sotheby's ne remette tout en vente, cinq années plus tard.

Sur les cahiers, tout était ratures, rayures, amour du travail bien fait. D'anciennes idées glissaient de chanson en chanson, d'une décennie l'autre ; des flèches indiquaient ce qu'il fallait prendre, garder, changer encore et, quand ça ne suffisait pas, les paragraphes étaient numérotés et triés. Le plus souvent, Brel écrivait au stylo bleu (*La Chanson de Jacky*, un temps intitulée *Beau et con*), parfois en noir, en rouge (*Au suivant*, écrit d'un jet), tantôt au crayon de papier (*Le Tango funèbre*), tantôt au dos d'une lettre d'une admiratrice flamande, tantôt entre deux pages adressées à une inconnue.

Et dans le catalogue, soudain, comme un coup du sort, je vis une reproduction inédite, toute petite, juste avant le rayon aviation : l'agenda 1966 de Jacques Brel. Écrit de sa main, toute la tournée estivale. Entre Vichy et Vittel, le 20 août 1966, le nom magique apparut : Luxeuil.

Danièle Kielwasser, la fille des patrons de La Bonne Auberge, avait donc raison. Août 1966, et si c'était la terrasse ?

Aux archives départementales de la Haute-Saône, la confirmation m'attendait. Le 23 août 1966, *Les Dépêches* titraient sur l'« apothéose Brel », *L'Est républicain* savourait « la revanche de la poésie sur l'électronique à l'heure des chanteurs à sonorisation », et mon préféré, *Les Affiches de la Haute-Saône, du Territoire de Belfort et du pays de Montbéliard* recelaient des réclames improbables : « Grand Casino de Luxeuil. Au dancing, tous les jours, la dynamique formation de FRANCK ANDERS et attention ! Samedi 20 Août : super gala JACQUES BREL et son orchestre. »

J'allais crier victoire quand je compris qu'il n'en était rien. Le mystère de la première venue supposée de Brel à Vesoul, celle de novembre 1960 contée par Serge, le barman du casino de Luxeuil, restait entière. Un après-midi à fouiller les archives de 1960 s'était soldé sur un échec. Novembre, décembre, octobre, août, septembre, juillet, août, avril, mai, mars, juin, février, janvier, dans tous les sens, pas le moindre entrefilet, la moindre annonce, la moindre publicité.

À dire vrai, le mystère qui continuait, ce n'était pas tout à fait pour me déplaire – 1960 ? 1966 ? 1967 ? Une fois, deux fois, combien de venues ?

XXIII

Le maire prit la voix du père qui va gronder.

– Levez les yeux en ville ! Regardez le nombre de pelleteuses, de grues… Levez les yeux au ciel ! Comptez ! Je le dis : le *Vesoul bashing*, ça suffit !

Alain Chrétien, ex-UMP, était tout heureux de son coup de sang. Déjà silencieux, ses adjoints étaient maintenant pétrifiés. Ils avaient lâché leurs fragiles sourires, de ceux qu'ils arboraient à la fin de leur intervention, et qui n'étaient destinés qu'à se rassurer eux-mêmes. Quant à l'opposition, catégorie timorée, elle était sonnée. Dans la salle du conseil municipal, il s'était enfin passé quelque chose.

Sur les bancs du public, nous étions à peine une demi-douzaine dont la moitié – plongée dans un dépliant publicitaire de supermarché – avait soudain levé la tête. Peut-être l'expression *Vesoul bashing* nous était-elle destinée, à moi particulièrement, telle une mise en garde avant la rencontre avec le maire prévue le lendemain – et pas seulement à son meilleur adversaire, un communiste pur jus, Frédéric Bernarbé.

Depuis longtemps, ces deux-là faisaient le spectacle. Bernarbé, 64 ans, ancien ouvrier chauffagiste, avait fait toute sa carrière ici, élu depuis les années 1980 ; Chrétien, la quarantaine, un professionnel de la profession politique, avait tenté Paris. Vesoul était leur Yalta ; la comédie humaine, leur frontière.

Ce soir-là, Bernarbé avait ouvert les festivités avec la remise de son Prix d'excellence du cirage de pompes à un adjoint du maire. Le lauréat prit la chose avec légèreté, et la pause pour la photo (une brosse et une boîte de cirage). Il n'avait pas tout à fait le choix, un rituel, c'est un rituel, et dans une ville comme celle-ci, un rituel ça devient vite une tradition, et la tradition, une obligation. Le Prix d'excellence du cirage de pompes, c'était tous les ans, à la saison des vœux.

– Tout petit, j'ai connu la fin du Mur, la chute de l'URSS, la mort de Castro, expliqua le gagnant. Ça nous rappelle que vous, monsieur Bernarbé le stalinien, vous êtes toujours vaillant et résistant.

Et encore, il y avait fort à parier que ledit conseiller n'avait jamais mis les pieds à la permanence de Bernarbé, à une encablure de là. Un voyage dans le temps, avec l'Affiche rouge, Jacques Chirac et Charles Pasqua déguisés en bouchers (« charcutage électoral, charcutage des libertés »), un portrait intitulé *Hommage à Georges Marchais*, la une de *L'Humanité* du 11 septembre 2001 (« Effroyable ») et une photo souvenir sous verre d'un débat avec Pierre Durand, figure du même journal, résistant jusqu'au camp de Buchenwald où il fut déporté.

La France d'aujourd'hui, c'était aussi tout ça. La frénésie du temps, vantée partout, butait sur quelques punaises au mur, jaunies et rouillées, insoupçonnées et figées, mais vaillantes et résistantes, à leur manière.

★

> « L'on vous dira : "Brel ? Il est communiste." L'on vous dira cela parce que j'ai participé à la Fête de l'Humanité et au Congrès mondial de la jeunesse à Helsinki. C'est oublier que je ne participe à ce genre de

réunions ou de galas, qu'ils soient de nature politique ou religieuse, que lorsque je crois y découvrir quelque chose qui ressemble à de la générosité. La générosité. Pas la charité. Je déteste la charité. »

★

Le lendemain, Alain Chrétien s'installa à son volant dans un rire.

– Ici, on roule Peugeot, monsieur !

L'homme était naturellement sympathique, un brin amusé, un brin amusant. Chrétien était plutôt grand, jeune, on m'avait dit c'est le Kennedy du coin, sans que je sache pour qui était la moquerie, lui, ou celui qui buvait la plaisanterie ? En ville, bons amis et mauvaises langues, les deux n'étaient pas incompatibles, lui en voulaient d'avoir tué le père, le ministre Alain Joyandet, héros local ; puis d'avoir glissé de Sarkozy à Macron, d'être dans la com' et pas assez dans le concret, Tour de France et tours de cons, trop jeune, trop carnassier, trop solitaire, trop de déjeuners à Paris, une fois par mois, avec le Premier ministre, Édouard Philippe, croisé dans d'autres batailles – et malgré tout ça : toujours pas de foutue autoroute ni de lignes électrifiées à haute tension sur la ville.

– Tiens, dit-il, je vais vous dévoiler quelque chose ! Notre prochain slogan… *Vesoul, tout d'une grande !* C'est bien, vous trouvez pas ?

Chaque jeudi, on voyait monsieur le maire sur le marché, à serrer des mains, prendre des nouvelles de la grand-tante, décaler des rendez-vous, assurer qu'on va s'arranger ; à la soupe du Café Charlie, il était présent aussi. Il se tourna vers moi :

– Vesoul, c'est le plus gros village du département. Moi, je suis le chef du village, hein ? Je connais tout le monde, tout le monde me connaît…

– Et vous ferez comment quand il n'y aura que des supermarchés ? lui rétorquai-je, sachant qu'il s'était battu contre l'implantation de certains d'entre eux, avant de s'avouer vaincu, un peu facilement, continuaient les vipères.

Le maire marqua une pause, je sentis que ça allait être le grand numéro de claquettes politique, du petit compromis villageois, ni oui ni non, du donnant-donnant à la petite semaine, il disait qu'il n'était pas du genre à crier haro sur les grandes surfaces, et pas à cause des taxes professionnelles, mais parce que de toute façon, si on ferme Cora demain, les gens iront à Chateaufarine, le gros barnum commercial de Besançon.

– Et bon… si les gens ont envie de s'emmerder le samedi dans les parkings avec plein de monde ; ils aiment ça, aussi, hein… Il y en a qui aiment ça… Moi, je supporte pas… Mais il y a des gens pour qui c'est… c'est le monde moderne : eux aussi, ils ont droit à avoir une vie comme les autres, à la con, où on fait la queue pour trouver sa place de bagnole, où on pousse comme tout le monde son Caddie, et ils se disent : « On a la même vie que les gens des grandes villes. »

Dans les halles couvertes de Vesoul, belles comme un départ de la Grande Boucle, qui y fut donné, un couple attirait le regard, les Laforge, Pierre et Valérie, derniers maraîchers de la région, ultimes résistants à la pression des Leclerc *and Co*. Pierre, qui bougonnait qu'il n'était pas fait pour Peugeot ni obéir à des chefs. Valérie, qui souriait malgré ce qui leur était arrivé, le jour où leur terrain était passé de constructible à agricole, pour préserver la ceinture verte de Vesoul – un geste pour les écolos.

– Ce jour-là, on a perdu notre retraite.

Je suivais Alain Chrétien parmi les étals, treillis de toutes les couleurs, vestes militaires à col de fourrure rose, fouet à 1 euro, paquets de FixTop, les six colles pour le prix d'une, tendeurs en vrac, sacs-poubelle en racks, paniers en faux osier, coquetiers en faux bois, vrais chaussons en fausse panthère, pulls sans étiquettes, laitues sans façon, douces vies rangées.

Il glissait de stand en stand, de chaland en chaland, infirmant les rumeurs les plus alarmistes (« Alain ! Peugeot va partir ! Le frangin de la belle-sœur du voisin de ma cousine me l'a dit. – Ah bon ? – Ah oui, je te dis ! C'est de source sûre ! C'est la grand-mère de la petite sœur de la cousine de ma grand-mère qui m'a dit qu'ils allaient partir. – Ah ben alors, si elle l'a dit… »). Il était heureux comme un voisin en goguette, satisfait comme un chasseur sur ses terres.

Je m'appelle Zangra et je suis lieutenant
Au fort de Belonzio, qui domine la plaine
D'où l'ennemi viendra, qui me fera héros

Zangra

Même Alain Ropion, un autre de ses adversaires, un Vert, lui reconnaissait sa bonhomie. Ropion avait débarqué de Paris à Vesoul en 1971 par provocation – le jeune urbaniste voulait montrer à sa promotion d'ingénieurs qu'on pouvait faire un truc de la ville de Brel. Il était resté pour élaborer un gigantesque plan de rénovation « Faire de Vesoul une ville », dédié à… *Vesoul* et à *L'Homme dans la cité* (bluette débutante du Brel débutant). « Faire de Vesoul une ville » prévoyait un lac artificiel, qui fut fait, pour assécher les terres marécageuses des usines Peugeot ; et affichait une ambition miraculeuse de 50 000 habitants à l'horizon de l'an 2000 – qui n'arrivera jamais.

Tout d'une grande, mais ni tantôt ni tout de suite.

– Aujourd'hui, me dit le maire, je vous emmène visiter un chantier, l'espace Villon, une salle socioculturelle du Montmarin. C'est pas parce que je m'appelle Chrétien que je ne vais pas aller au Montmarin !

En chemin, on parla de son passé récent de député et de ses virées à Paris, avec ce foutu train en panne une fois sur deux. J'avais du mal à croire qu'Alain Chrétien avait été UMP (moi aussi, rit-il). Il était revenu affecté de l'expérience, il disait que Paris n'avait toujours pas compris, que les hauts fonctionnaires type Colbert se fourvoyaient : au sommet de l'État, il n'y a plus de pognon, insistait-il.

– Tout ce qu'on entend par décentralisation et libertés locales, c'est du pipeau. À Paris, ils n'ont aucune confiance dans les élus locaux. Ils nous traitent comme des enfants… Comme des enfants ! Le dirigisme étatique règne toujours en maître. Faut dire que… bon, les députés, parfois, ils sont éblouis par les ors de la République… On les invite à des buffets comme ils n'en ont jamais vus, ils sont totalement émerveillés, « T'inquiète pas, tu veux combien pour ta crèche ? Je vais me débrouiller, on va bien trouver un 300-400 000 euros. Tiens, reprends un petit-four… Bon, sinon, ma loi, tu la votes ? – Ben oui, je la vote… » C'est comme ça. C'est pourquoi je me suis tiré de ce bordel-là. Je préfère cent fois être maire ici que petit soldat là-bas à qui on fait manger des petits-fours… Je suis bien ici, croyez-moi.

Je voulais bien le faire, dans l'instant, mais c'était difficile sur le long terme. Un moderne de cette trempe se ferait peut-être prier pour retourner danser la *Valse à mille temps* (*Et Paris qui bat la mesure / Paris qui mesure notre émoi*), mais il était improbable qu'il n'accepte pas un petit rôle dans l'orchestre – tôt ou tard. Et Vesoul, après tout, constituait un bon poste d'observation, et d'attente. Élu de la ruralité et de l'industrie, c'était toujours un atout. Même qu'à Paris, ce genre marchait encore bien.

Je suis mort à Paris
Il y a longtemps déjà
Il y a longtemps, d'ennui
Il y a longtemps, de toi

Clara

À Vesoul, sitôt *Vesoul* sur les ondes (1968), les Actualités de la troisième chaîne avaient fait une descente pour sentir les effets du tube sur la ville, délicieux micro-trottoir qui se faisait radio-crochet improvisé ; les notables criaient au génie et à la bonne réclame, et l'un des prédécesseurs de Chrétien, le bon maire Pierre Renet, était sensationnel avec son accent sensationnel : « Mon Dieu ! Si ça peut faire connaître la ville de V'soul, surtout du point de vue orthographe, parce que fréquemment V'soul s'écrit avec un *z*… » Et mis à part leur noir et blanc et leur grain, les images de ce Vesoul-là laissaient imaginer ce qu'était devenu peu à peu *mon* Vesoul. Alain Chrétien avait beau chercher à se convaincre, les deux Vesoul, de 1968 et de 2018, paraissaient faits exactement du même moule, celui de la résignation à résidence.

Puis les années avaient coulé, et une bonne partie des habitants ont commencé à tousser. Où qu'ils aillent, les discussions se terminaient toujours par *T'as voulu voir Vesoul*, et à la fin, le-mec-il-s'est-barré, de vacances en campings en virées à Paris, de lointains cousins en futures conquêtes, de tours du monde en périples jusqu'à Lyon.

La ritournelle était devenue lassante.

Et les Vésuliens ne retenaient de la chanson que Vesoul, oubliant un peu vite que le héros malgré lui de *Vesoul* quittait aussi bien Honfleur, port lumière, que Paris, ville coquette, à cause de sa femme, archétype de la femme brélienne, perpétuelle insatisfaite.

Et on a quitté Vesoul, ça voulait dire ça, dans l'esprit du Belge. La fuite plutôt que le sans-suite, quel que soit le port d'attache, la bougeotte plutôt que *La Parlote*.

Chrétien était de ces Vésuliens-là, les vexés, pas trop clients du timbre spécial Brel mis en circulation par La Poste en 1991, avec Vesoul en enveloppe premier jour ou en carte postale, avec les paroles de la chanson imprimées. Brel, fallait pas trop lui en parler. Il lui en voulait, le chanteur avait cassé l'ambiance avec sa chanson de ville reculée, du temps où ce n'était pas encore la mode des petites villes à la campagne, comme maintenant, mais une mode néorurale qui semblait justement échapper à Vesoul – et la faute à qui, hein, à qui ?

Peu avant notre rencontre, Chrétien avait eu une réunion avec les responsables du tourisme en Haute-Saône. Les conclusions de leur étude étaient tranchantes : Vesoul, ça fait fuir ; Vesoul, on met pas.

Alors, Brel…

La ville aux quatre vents
Clignote le remords
Inutile et passant
De n'être pas un port

Je suis un soir d'été

Avant d'arriver à destination, la Peugeot du maire bifurqua par la place Jacques-Brel, celle du camion pizza. Il était trop tôt pour que Christophe soit là, trop tôt pour que les collégiens voisins attendent à l'arrêt de bus, la place semblait hors du temps. Le maire concéda qu'elle n'était pas terrible cette place abandonnée depuis les années 1950-1960 qui l'avaient enfantée, quand Vesoul se rêvait déjà toute grande, et que ses HLM sortaient de terre.

– On va prendre les choses en mains et la rénover. Mais je vous arrête, on va le faire pas parce qu'elle s'appelle Jacques-Brel, mais parce qu'elle est pourrie.

La voiture garée, on s'avança à pied dans ce *no man's land*, entre zone pavillonnaire, groupe scolaire et tours du Montmarin. Je lui expliquai ma difficulté à trouver des interlocuteurs aisés dans Vesoul, des riches, des *maître Jojo* et des *maître Pierre*. J'avais cru en ferrer un ou deux, mais ils s'étaient faufilés comme des anguilles. Leurs pères devaient être de ceux qui s'étaient opposés à l'implantation des usines Peugeot, de peur de voir du rouge et des ouvriers s'installer (Chrétien les aurait rassurés, le maire adorait raconter que l'usine de Vesoul fut la seule du groupe Peugeot à ne pas avoir fait grève en 1968). Certains propriétaires Airbnb auraient constitué de belles prises aussi, notamment un 20-22 ans, qui possédait un immeuble complet dans le vieux centre, mais qui déclina. Les seuls logeurs ouverts à la discussion n'entraient pas dans la catégorie impôt sur la fortune, leurs gîtes, appelés parfois *T'as voulu voir Vesoul*, sentaient plus la chambre d'enfant devenu adulte qu'il faut bien occuper que le confort des bien-nés.

Chrétien semblait désolé. Il cherchait une explication.

Et si la bourgeoisie n'existait plus ? S'il n'y avait plus personne à qui *montrer nos culs et nos bonnes manières* ? Ou pire :

si la bourgeoisie ne comptait plus et qu'elle seule ne s'en était pas rendu compte ? Toutes ces différenciations désuètes qu'elle entretenait, d'entre les morts et les héritages ?

– Je veux bien mais alors, demandai-je, qui seraient les dominants ?

– À Vesoul ?

– Oui…

– Avant, c'était le pharmacien, c'était le médecin, c'était le notaire, mais, aujourd'hui, leurs métiers se sont banalisés… Les notaires, aujourd'hui, ce sont des mecs comme moi. Un dominant ? Vous voulez que je vous dise ? C'est le patron du cinéma, le Majestic, Jean-Claude Tupin. Il possède la moitié de la ville… Mais il y a cinquante ans, Tupin aurait été pris pour un saltimbanque. Parce que attention, un bourgeois ne touche pas à l'argent ; le bourgeois, il est au-dessus de ça. Un saltimbanque ou un chef d'entreprise qui fait du pognon, ça aurait été hors de question : « Il est pas de notre monde. » Sauf que, maintenant, les nouveaux dominants, c'est eux.

L'ombre des habitudes
Qu'on a plantées en nous
Quand nous avions vingt ans

Vivre debout

Nous étions enfin arrivés au but de notre déambulation, à l'entrée du Montmarin. Un chef de chantier nous attendait, tout sourire, impatient de nous faire faire le tour de la maison de quartier. Une jeune et jolie préposée à la communication de la ville arma son iPhone d'un petit trépied, le maire coiffa un casque de chantier, un jaune, un qui se voit bien – il avait oublié d'en mettre un sur la vidéo précédente, les commentaires avaient fusé –, et on entra dans l'Espace Villon. Chrétien était en mission médias, il choisissait le cadre, la lumière, le travelling, on va passer là, puis là, revenir ici, bienvenue dans cette rénovation historique, oui, dans quelques jours, cet espace, que dis-je, ce très bel espace, va renaître avec un projecteur numérique, et des espaces dédiés, pour les enfants, pour les ados, et de magnifiques fauteuils rouges, bleus, violets vont prendre place. Le camelot poussait une porte et s'exclamait comme un cadet dans les salons du Palais-Bourbon, c'est parfait, c'est parfait, lançait-il aux ouvriers, avant de saisir la caméra, de faire comme il avait vu faire la télé locale, des panos, de bas en haut, de gauche à droite. Le soir, il ferait le montage lui-même, et en avant Facebook.

Kennedy, pas sûr ; mais dans l'air du temps, assurément.

À l'extérieur, le chef de chantier souriait encore, plus admiratif que moqueur.

– Le maire, il est toujours comme ça, dit-il. C'est un battant.

Alain Chrétien faisait maintenant le tour du pâté de maisons, ici, on va construire un parvis, un parvis piétons, qui va permettre aux spectateurs de passer un moment dehors, un parvis de qualité, et ici, un accès handicapés…

– Et vous, me demanda soudain le chef de chantier, vous êtes là pour quoi ?

– Pour Brel.

– Ah, ah !

Le voilà qui riait de bon cœur à présent.

– Brel à Vesoul… Vous savez… C'est de la légende, c'est du n'importe quoi. Brel, il est jamais venu !

– Vous êtes sûr ?

– Parfaitement sûr. À ce qu'on m'a dit, il voulait atterrir là-haut, route de Lure, à l'aérodrome. Vous y êtes allé ? Mais il a jamais pu poser son avion… Les moutons… Oui, les moutons ! Ils étaient trop nombreux sur la piste. Un vrai troupeau. À cette époque, elle était en herbe, la piste…

Puis il lâcha, sans trop y croire :

– Allez, m'sieur, bonne chance !

XXIV

Le buste était mal disposé, de profil, trop près du mur, trop en hauteur, comme si on avait cherché à le dissimuler. Brel y avait un visage enflammé que je ne lui connaissais pas, les joues en flammèches, de celles qui ornent les blousons des *bikers*. Ce buste, c'était le symbole même que Vesoul entretenait avec *Vesoul*, un je t'aime moi non plus, une gêne qui était allée grandissant avec les années, et le politiquement correct. Plus les années passaient, moins l'ironie passait. Un trait de l'époque, sans doute, ou tout semble devoir être carré jusqu'à l'aseptisé. Un livre consacré aux reprises de *Vesoul*, un travail de collectionneur fou, montrait, aussi, comment l'interprétation de la chanson s'était assagie. De Jacques Brel à Florent Pagny, quelque chose avait mal tourné (dans le registre des reprises, celle d'*Amsterdam* par Parabellum, punks parisiens de mes 18 ans, fut un sommet, avec assez d'irrespect, *Dans le port d'Amsterdam / Y a des marins qui se cament*, pour être digne de l'original).

Le buste, entrevu au Café Charlie du procureur, affichait également une étrange attitude : il tournait le dos à la ville, et semblait implorer les visiteurs du théâtre Edwige-Feuillère, quand ces derniers quittaient le balcon pour rejoindre, à l'extérieur, l'immense parking du centre-ville.

Le buste avait un petit nom, *Brel éternel*, et un auteur, Frédéric Lanoir. Ce soir de gala au théâtre – c'était la cérémonie de clôture du 24e Festival international des cinémas d'Asie, une institution –, il y avait trop de monde pour évoquer avec Lanoir son travail. D'autant que c'était pas son genre, au sculpteur. Il voulait être discret, à l'écart, loin des protocoles et de certaines huiles de la mairie. La pose du buste fut un enjeu local qui l'avait dépassé ; un coup prévu là, à l'air libre, sur une belle place, bien exposé, face au jet d'eau ; un coup ici, d'abord dans le hall du théâtre et finalement dans l'escalier, de biais, planqué. S'était aussi glissée une histoire de Clochermerle, toute vésulienne, pour savoir qui devait payer la plaque de remerciements aux donateurs. *Brel éternel* était le fruit d'un sociofinancement, 5 500 euros expédiés de toute la France, du Nord, de Marseille, de Paris, mais au moment de dire merci aux donateurs, la liste était devenue trop longue et la plaque trop petite, on se chamailla pour savoir qui paierait le modèle grand format. Ça me rappelait mon petit village de Normandie d'avant mes années Canada, où l'on se battait pour un droit de passage, comme les réunions interminables avec des producteurs parisiens, pleins de morgue, sur la taille de leur nom au générique.

Faut vous dire, monsieur
Que chez ces gens-là
On ne cause pas, monsieur
On ne cause pas, on compte.

Ces gens-là

La différence des mesquineries, entre la capitale et la préfecture, résidait simplement dans le nombre de zéros. Partout l'étroitesse était de mise, dans cette France frileuse et mauvaise diseuse ; quelque chose, pourtant, m'indiquait que Vesoul avait intériorisé son destin, et Paris, non. Paris, qui se croyait encore Paris, ne voyait pas combien il avait changé en moins de dix ans, un Paris retrouvé chaque fois plus airbnbisé, et standardisé, embourgeoisé jusqu'à l'obscénité. Plus Paris se voulait *smart city*, plus la capitale capitulait, tout était franglais, on avait inventé la bistronomie pour les étrangers et *South Pigalle* pour les arriérés, faux vieux et nostalgie nappes vichy régnaient. Sur les bâtiments historiques en travaux, la défaite était totale : Apple avait pris la Bastille ; Samsung, la Concorde ; et Paris s'offrait désormais à moi, vulgaire touriste méprisé, comme une vieille putain à son vieux client. La ville voulait me faire monter, ou plutôt m'illusionner ; alors que sa seule motivation était de me détrousser.

À Vesoul, au moins, la ville n'offrait rien : ni luxe, ni luxure, ni promesses, ni moindres désirs, seulement ses complexes et ses rideaux tirés qui s'ouvrent au moindre bruit suspect, *Les fenêtres rigolent / Quand elles voient la frivole / Qui offre sa corolle / À un clerc de notaire.*

En un sens, c'était plus honnête, pour peu qu'on apprécie le profil bas.

★

« J'ai peur d'être installé, oui. Le pouvoir rend idiot et le pouvoir absolu rend absolument idiot. L'argent, c'est la même chose. Les gens qui font de l'argent ne pensent qu'à l'argent qui leur manque. Et puis l'argent fige les hommes, les rend immobiles. Alors qu'un homme c'est fait pour être mobile. Je suis sûr de ça. Je suis incapable de vous le prouver. Mais je suis sûr de cela. Un homme c'est fait pour bouger, c'est pas fait pour s'arrêter. Et pour mourir en mouvement éventuellement. Tout le malheur vient de l'immobilité. Toujours. On use les choses en étant immobiles. »

★

À l'entrée du théâtre, un tapis rouge accueillait les invités, une caméra retransmettait les arrivées en direct sur l'écran dans la salle, c'était Vesoul qui se filme, qui se regarde, qui se compte, et qui se scrute : qui entre, et avec qui, et comment ? Hôtesses, préfet, lycéens, jurés, cinéastes iraniens et philippins, producteurs chinois, acteurs afghans, diffuseurs coréens, des Palestiniens, quelques Syriens et les sponsors locaux – Peugeot, Cora, Pop Coiffure et Vesoul Électro Diesel.

Tout le gratin de la ville-préfecture était en tenue de gala. La patronne de ma cantine habituelle surnommait cette petite foule les crevards-au-maire, venus bouffer à l'œil et se montrer aux yeux de tous. Il y avait du vrai dans son manque à gagner, ce genre de pince-fesses avec buffet gratuit vidait la ville, déjà passablement déserte le soir. C'était tout de même de la grosse cavalerie, le festival attirait 30 000 spectateurs. Vesoul devait ce tour de force à un couple de documentalistes, Martine et Jean-Marc Thérouanne, qui avaient jeté leur vie entière dans l'aventure. Martine me confiera que l'amour du grand large lui venait, aussi, de Brel. Sur sa table de chevet, la fondatrice du festival avait toujours un coffret du chanteur, une autre intégrale, plus intégrale encore que la mienne, ronde comme une boîte de *Bonbons*. Vesoul-la-complexée, la femme se battait contre, mais avançait des arguments. Ici, c'est pas le Sud, on est réservés, peu expansifs, le manque de confiance est une marque de fabrique. Des études menées sous la houlette de l'académie scolaire auraient même décelé le malaise jusque dans les salles de classe.

Sur scène, le maire saluait à l'asiatique un réalisateur japonais, un salut comme on fait dans les films français de série B, ça tournait à l'obséquieux. Le lauréat expliquait trouver Vesoul charmant, sa première ville en Europe, et qu'il se voyait bien s'y acheter une maison. Alain Chrétien exulta, tous pouces en l'air, son côté Facebook. Avec malice, le réalisateur dit son étonnement devant le nombre de bicoques à vendre.

Et ce fut l'incident.

Lumières éteintes, une voix surgit de nulle part. Une voix venue de loin, venue de Paris, venue d'une radio, et d'un chroniqueur matinal, bête et méchant.

On siffla copieusement.

« France Inter, comme d'hab', est dans tous les bons coups. Cette semaine, notre radio nourricière, votre radio préférée, auditeurs adorés, était partenaire d'un festival, dont seuls nous avons le secret : le 24e Festival international des cinémas d'Asie. Et c'est ce soir que s'achève la 24e édition de cet événement, dont personne, mais absolument personne n'a entendu parler. Hein ? Et pourquoi personne n'a entendu parler de ce festival ? Eh bien tout simplement parce que ce festival a lieu à Vesoul… Oui, vous m'avez entendu les amis, ça se passe à Vezzzzzoul. Mais enfin, nom de Dieu, qui a envie d'aller à Vezzzzzoul ?! Qui un jour s'est dit même autour de cette table : “Ah tiens, ce week-end, j'irais bien à Vezzzzzoul” ? À part Jacques Brel ? Personne. Et si je peux me permettre, Jacques Brel, c'était quand même le chanteur de la *loose*… (*Ne me quitte pas…*) Alors ?… (*Les Vieux*) Ah… Ah c'est pas la foire du slip hein ? (*Le Plat Pays*) Ah non pas ça… OK ? J'en rajoute ? (*Ne me quitte pas*) La ferme ! Alors je sais, oui vous me direz : “Ah l'autre, y juge un truc qu'y connaît même pas, si ça se trouve c'est génial le Festival des cinémas d'Asie de Vesoul.” Alors à tous ceux-là, c'est simple, je dis : “Ta gueule !” »

Sur la scène, Bastian Meiresonne, le directeur artistique du festival avait décidé de répondre séance tenante. Il le fit par un florilège de ça fait mal la *loose*, ça fait mal le canard laqué, ça fait mal *Vezzzzzzoul* – et, à chaque ça fait mal, Vesoul se vengeait sur Paris, à coups d'applaudissements et de hourras.

Ce n'était plus une fracture, pas un fossé ; c'était la guerre. La France jacobine avait du souci à se faire, sa piétaille provinciale allait se soulever. Cette piétaille n'avait plus peur de ces Parisiens, qui s'imaginaient toujours pères de la Nation, quand ils n'étaient plus que les cocus de service et de la mondialisation, provinciaux à leur tour d'une quelconque Californie climatisée. Vesoul tenait sa revanche, la France seule et unie était perdue. Hou hou hou, faisait la foule du festival. À mort ! À mort ! pensait-elle bien fort.

Meiresonne, d'origine flamande, finit par un autre ça fait mal : ça fait mal d'entendre, une énième fois, ressurgir la dépouille de Jacques Brel. Et il formula un vœu pieux, que les chanteurs français se bougent un peu et écrivent une nouvelle chanson sur Vesoul, pour qu'on laisse Jacques dormir en paix.

C'était ses mots et c'était un peu court. On n'écrit pas des chansons pour se reposer, et Paris ne chante plus depuis belle lurette.

J'aimerais tenir l'enfant d'salaud
Qui a fait graver sous ma statue
« Il est mort comme un héros
Il est mort comme on ne meurt plus »

La Statue

Le sculpteur Frédéric Lanoir m'attendrait quelques jours plus tard au café du Lion, devenu mon QG au fil des mois – le seul signe distinctif du bistrot était son emplacement, plein centre, c'est le maire qui me l'avait fait découvrir. L'artiste était venu avec une masse de photos de son *Brel éternel*, dans son atelier, lors de la pose de son œuvre, et là, vous voyez, l'inauguration, il y avait du monde quand même – et sa colère rentrée d'écorché vif. Lanoir se battait pour faire valoir ses droits d'handicapé et les événements prenaient une mauvaise tournure pour lui. Son énergie le sauvait.

Pour le buste, il avait rincé tous les DVD possibles, à la recherche de l'arrêt sur image idéal. Il disait que ce n'était pas une manche facile, que Brel avait eu trop d'évolutions, trop d'expressions, que son visage se déformait de toutes parts, le nez, les lèvres, qu'il avançait trop la mâchoire, ou ouvrait trop large la bouche, et ses yeux trop fermés, ses sourcils trop froncés – et ce fut *Mathilde*.

Et vous, mes mains, ne tremblez plus
Souvenez-vous quand je vous pleurais dessus
Mathilde est revenue
Vous, mes mains, ne vous ouvrez pas
Vous, mes bras, ne vous tendez pas
Sacrée Mathilde, puisque te v'là

Mathilde

– Vous savez, *Mathilde*, quand Brel était entre le rire et les larmes. Je le sculptais en pensant à cette vidéo, où ses muscles se contractaient, où il donnait toute l'émotion, comme un acteur de la *commedia dell'arte*, avec ses masques, la tristesse, la gaieté, la colère… Travailler le relief c'était pour faire ressortir tout ça : ça peut faire comme de la sueur, qui peut faire comme des larmes, qui peut faire comme des flammes, qui parcourent le visage. Dans *Mathilde*, c'est Brel, de tout son corps, et j'ai voulu que ce qui ne se voit pas, ce qui ne se palpe pas, se retrouve dans la matière… Les ondes… L'émotion… À quoi ça tient l'émotion, à quoi ça tient, la musique ? C'est avant tout des ondes.

Lanoir touchait juste, et sa sculpture avait le mérite du rappel : Brel, ce n'était pas seulement sa gueule, pas seulement son style, pas seulement son esprit, c'était aussi de l'impalpable, une musique – que la figure du chanteur écrasait, mais qui demeurait centrale. Sans les mélodies de Jouannest ou de Rauber, sans le déluge de cordes, de cuivres, sans l'accordéon de Jean Corti, sans les ondes Martinot de *La Fanette*, du *Plat Pays* ou de *Ne me quitte pas*, Brel serait sans doute resté le premier premier de la classe venu, avec sa guitare sous le bras ; Brel n'aurait jamais été Brel, pas plus que ses *Bourgeois* n'auraient été aussi bourgeois sans le trombone ; ou *Jef* aussi poignant sans les violons. Et *Vesoul* ? Sans le jeu frénétique de Marcel Azzola, rien de ses envolées n'aurait la puissance qu'elles ont, cette invitation à dire *on y va*, jusqu'au moment où l'accordéon s'affole et que Paris, à nouveau, en prenne un coup :

Mais je te préviens
J'irai pas à Paris
D'ailleurs j'ai horreur
De tous les flonflons
De la valse musette
Et de l'accordéon !

Vesoul

XXV

Six belles femmes m'attendaient, fort coquettes pour la plupart, espiègles pour une bonne moitié, toutes souriantes. Elles me dévisageaient comme doivent faire les hommes quand ils regardent les femmes. Elles me faisaient face, en arc de cercle, prêtes à en découdre. Le rendez-vous avait été fixé deux jours seulement auparavant, certaines avaient pris soin d'aller chez le coiffeur, un brushing, une coloration, l'une d'elles portait une tenue Op-Art du plus bel effet ; une autre, une belle robe à fleurs ; celle-ci, la plus gaie du groupe, semblait sortie d'un *green* de golf, lunettes noires, pantalon beige et chaussures de sport blanches ; toutes portaient un bijou qui semblait d'une importance capitale ; était-ce bien du fond de teint sur le visage des deux dernières ? Nous étions à la Maison du Combattant et chacune avait beaucoup donné.

Sur les six femmes, quatre se déplaçaient en fauteuil roulant, sandales et chaussons étaient de mise. Il était 14 h 30, c'était l'heure de l'animation à la maison de retraite de Vesoul, et c'était moi l'animation.

★

« C'est très important d'être vieux puisque c'est le dernier âge de la vie. C'est l'aboutissement du voyage. Ce n'est qu'à ce moment-là qu'on sait si on a raté sa vie ou si on l'a vaguement un tout petit peu réussie. Enfin, ce n'est pas intelligent comme point de vue. Mais les vieux, c'est le bout du voyage. Et quand on fait un voyage, c'est quand même le bout du voyage qui compte, c'est pas le voyage. »

★

Gilberte, 97 ans, avait été la première à parler. D'entrée de jeu, elle me sermonna :

– 97 ans… Ne dites pas que c'est fantastique ! On devrait savoir dire au revoir à 85 ans…

Gilberte fut la directrice de l'école maternelle de Luxeuil, la ville du casino, la ville où Brel était venu rencontrer Serge, le barman. Aujourd'hui, elle n'avait que deux peurs : s'endormir et ne pas se réveiller, mot pour mot comme dans *Les Vieux* (*Les vieux ne meurent pas, ils s'endorment un jour et dorment trop longtemps*).

Pour tenir bon, Gilberte lisait, son dernier polar avait pour titre *L'Ombre des morts*, « wooooaaaa » gloussèrent ses voisines.

– Mais vous n'en rêvez pas la nuit ? demanda Camille, 92 ans, inquiète.

Gilberte, ferme :

– Non !

– Ah, mais tout de même ! Le titre, ça refroidit. Ha, ha, ha !

Camille avait été cultivatrice, sa vie tenait du miracle, un kilo cinq à la naissance, trois AVC, onze opérations, son dentier qui ne tient plus, parce que la perte de poids a ravagé ses gencives, et que le dentiste a dit qu'on ne peut plus rien faire.

– J'ai dit à mes enfants : à mon enterrement, le moins de frais possible ! Une rose si c'est l'hiver ; un bouquet si c'est l'été. Et vous ne pleurez pas ! Et surtout, pas brûlée… J'ai peur d'avoir trop chaud, ha, ha !

Z'ont amené des enfants
Qui ne me connaissaient pas

Pensent au prix des fleurs
Et trouvent indécent
De ne pas mourir au printemps
Quand on aime le lilas
Ah ! Ah Ah Ah !

Le Tango funèbre

La direction de l'établissement avait dit oui sans trop poser de questions. La Maison du Combattant, fille de la glorieuse période de Vesoul, ses années 1960 et Peugeot qui débarque en force, est l'un des plus importants établissements du genre en France. Contrairement à tant d'autres, mouroirs sans moyens, dépotoirs sans regards, il semblait n'avoir rien à cacher. Une pancarte à l'entrée du bâtiment annonçait des travaux qui disaient la France : on allait agrandir la Maison du Combattant, trop de vieux à garder, trop de résidents qui cognent à la porte, le panneau parlait de *dédensification*, litote du monde moderne.

Pour rejoindre les six vaillantes, j'avais dû traverser de longs couloirs, deviner quelques grabataires derrière les portes, croiser des silhouettes courbées qui attendaient la mort et le flash info d'un poste crachotant ; ou résister à une main qui s'agrippait à ma besace. Aux portes des chambres pendaient des peluches d'une autre enfance, des décorations de Noël de plusieurs noëls, quelques porte-clés de maisons fermées depuis des mois.

Renée, 99 ans, celle que je prenais pour une golfeuse, avait passé dix ans de sa vie à faire le tour du monde. Elle n'avait qu'un regret, ne pas avoir pris le Concorde. Et qu'une envie, retrouver ce livre de son année du bac, passé à Toulouse, son Vesoul natal étant alors occupé par les Allemands ; un roman de Flaubert sur les Carthaginois, *Salammbô*. Lucienne, 100 ans, avait tenu la mercerie de Lure, à 30 kilomètres de la préfecture. Du groupe, Lucienne était la seule sans lunettes, sans appareil, sans cheveux gris, et pleine de fougue, j'imaginais ma mère comme elle, dans trente ans, regrettant dans un rire les repas imposés où l'on ne choisit pas son menu. Avec Renée, Lucienne répétait à la dame de la Maison du Combattant – qui s'assurait que l'après-midi animation restait animé mais pas trop :

– Il est sympathique, ce jeune homme.

L'allusion était d'autant plus délicieuse que Lucienne comme Renée avaient toute leur tête, et toute leur dignité. Elles se jouaient, sincèrement, de moi.

Bonheur furtif autant que total.

Mourir, cela n'est rien
Mourir, la belle affaire
Mais vieillir, ô vieillir

Vieillir

Dans son dernier album, celui de mon salon familial, Brel nous avait tous condamnés. Lui le malade, le mort annoncé, lui le cancéreux, avait choisi de nous figer. La mort, plutôt que l'érosion ; l'arrêt plutôt que les prolongations ; l'échéance plutôt que l'errance.

J'entrais désormais dans l'âge où il était temps de faire le point, où les préceptes punk qui m'avaient tenu en vie (*live fast, die young*) ne tenaient plus, et pire, devenaient ridicules ; j'entrais enfin dans cet *Âge idiot*, cet âge pivot *quand le ventre se ballotte / Quand le ventre ventripote / Qu'il vous a bouffé le cœur / Quand les yeux n'ont plus de larmes*. Cette visite à la Maison du Combattant, c'était un peu de ça, un peu de ce duel avec moi-même, *no future* et qu'est-ce qu'on fait, et surtout avec lui, Brel, le salaud magnifique, qui s'éclipsa à 49 printemps, et qui nous avait fait le coup de l'enterrement dans *Les Vieux* (*Que l'on vive à Paris on vit tous en province quand on vit trop longtemps*). Cela faisait bientôt trente-cinq ans que *Mourir cela n'est rien / Mais vieillir… ô vieillir* me hantait, littéralement, je l'avais répété mille fois, à mes enfants même, telle une devise, un appel à foncer, un repoussoir innocent de l'heure fatidique, celle de la bascule, de l'esprit qui abdique, avant que le corps ne se lasse et que l'obligation nous prenne *De ramper jusqu'à la vieillesse*.

Les vieux ne bougent plus, leurs gestes ont trop de rides,
leur monde est trop petit
Du lit à la fenêtre, puis du lit au fauteuil, et puis du lit au lit
Et s'ils sortent encore, bras dessus, bras dessous, tout habillés de raide
C'est pour suivre au soleil l'enterrement d'un plus vieux,
l'enterrement d'une plus laide

Les Vieux

Et puis, il y avait Jacqueline, 82 ans, ancienne chanteuse yé-yé, dite Jacqueline Diamar, un nom trouvé par son imprésario. Dans sa chambre où elle me recevait, trop fatiguée pour rejoindre les six autres, étaient accrochées deux photos d'elle, une réplique de sa pochette de disque ; l'autre prise quelque temps plus tard dans son bar, à Cannes, où Jacqueline apparaissait voluptueuse et élégante, une Bardot dont les cheveux auraient tiré vers le roux.

– Mais le monsieur du bar, là, regardez, les beaux yeux bleus ! Le cochon, il m'a pas dit qu'il pouvait pas avoir d'enfants !

Jacqueline, allongée et courageuse, se mit à chanter à tue-tête *Amsterdam* (*Y a des marins qui ding-ding-ding*) ou *On oubliiiiiie rien, de rien / On s'habitue, c'est toooout / Ni les navires hein hein ni les hum hum.* Elle avait joué en Suisse, au Portugal, écumé tous les galas des casinos de France.

– Et maintenant, je chante au Combattant ! Ah, Brel, quelle merveille, cet homme ! Oui, *Les Vieux*, bien sûr ! Mais on est très vieux. Ici, il y a même une femme de 104 ans… Oui, *Les vieux, la pendule qui dit « oui », qui dit « non »*… Comment vous dire ? Il avait raison, Brel… *Faut vous dire, monsieur…* On est à côté de la plaque !

Dans la salle animation m'attendaient aussi Michelle, 82 ans, native de Vesoul, et Yvette, 91 ans, dont une bonne part passée au ministère de la Défense. Michelle pratiquait la gym douce chaque matin, sur son fauteuil, avant ses activités Loto, comptabilité (elle adorait faire ses impôts, chaque matin, elle recomptait) et chorale (*Amsterdam* avait été au répertoire).

Michelle avait une marotte, elle était revenue plusieurs fois dans la conversation, comme un mantra, ou un dernier espoir. Michelle était persuadée qu'il doit bien y avoir une minute… une minute où on se sent… où on se sent partir…

Une minute qu'on devait bien pouvoir retenir, comme une somme au bas d'une addition.

Yvette, elle, écoutait Michelle sans trop y croire, ou sans accorder trop d'importance à cet instant-là, celui du départ et du solde de tout compte. Yvette était venue à ma rencontre pour deux raisons précises : elle voulait rectifier un malentendu et me raconter ce qu'elle savait de Brel. Sa voix ne cillait pas, elle était ferme et convaincue, juste traînante sur les dernières syllabes, comme les vieux savent faire.

Le malentendu portait sur la prononciation de la ville, nous, on disait pas Vesoul comme Brel, on disait V'zoul, le vétérinaire, on disait, quand est-ce qu'il vient de V'zoul ?

Quant à ce qu'Yvette savait du chanteur, cela tenait en deux phrases. Ça racontait les choses de la vie, et ma quête :

– Est-ce que vous avez entendu dire que Brel a séjourné à l'Hôtel du Nord ? Il y prenait ses repas… Et à ce qu'on dit, il y avait une serveuse qui lui était sympathique…

– Que voulez-vous dire ?

– Qu'elle l'a bien servi !

Et chacune des femmes de rire aux éclats, avant que la directrice des lieux ne surgisse. Pour dire un mot, un bonjour, et servir un flan. Du vert, à la pistache.

XXVI

Il se tenait au pied de son avion, heureux, le visage rond, crâne chauve et lunettes cerclées – un gamin dans son hangar. Il portait une chemise bleu ciel chargé, un bermuda bleu ciel clair, et des chaussures marron terre. Pas de doute, cet homme était habité par sa passion.

– L'avion, dit-il, c'est pas ma danseuse, c'est mon ballet !

L'antre de Philippe Coffinet, le médecin-membre-de-l'aérodrome-de-Vesoul-qui-a-connu-Brel, sentait l'amour du travail impeccable. Trônaient trois belles machines, un monomoteur rouge et blanc, un hélico de poche fait maison aux couleurs du Petit Prince et une vieille anglaise, un essieu de voiture en pleine restauration, et, au fond, c'était le paradis, l'atelier de mécanique, avec tout ce qu'il faut, outils et cambouis, même l'improbable, un calendrier érotique offert par les établissements Vesoul Électro Diesel, en ce mois de mai, la blonde était comme attendue, décolorée et pose lascive.

– Comme dans tout bon garage ! rit Philippe.

Il avait fallu attendre deux ou trois mois pour ce rendez-vous, le neuropsychiatre s'était absenté de la ville, Groenland ou Afrique, enfin, loin.

D'emblée, j'avais senti que la rencontre serait merveilleuse, qu'elle justifierait à elle seule mon goût pour la déambulation et le zigzag, mon appétit des poursuites sans fin dans des villes sans vie ; de ces enquêtes qui valent le coup car peu les mènent, ces récits à l'abri du fracas du monde et des agendas imposés.

– Brel, je l'ai connu fin 1977, lors de mon service militaire. J'étais médecin-major d'un bateau. Le bateau, c'était *La Paimpolaise*, nous sommes allés aux Marquises pour une mission d'assistance sanitaire. On faisait les îles, Nuku Hiva, Fatu Hiva, Hua Pu, et Hiva Oa, où Brel avait accosté trois ans plus tôt, avec son bateau, l'*Askoy*. Un soir, le commandant a donné un cocktail, comme ça se faisait classiquement. M. Brel a été invité. Et s'il n'aimait pas trop les militaires, il est quand même venu, avec pour seule consigne ne pas prendre de photos. Il était gravement malade déjà, un peu bouffi par la cortisone. J'étais simple aspirant médecin à l'époque, le moins gradé des officiers, je l'ai écouté parce que déjà écouter Brel, c'était un privilège. Dans la royale, il y avait tout un protocole : la parole circulait de la même façon que les plats. À table, l'aspirant était servi le dernier. À cette rencontre, ils avaient aussi invité le chirurgien des Marquises, un commandant à l'époque. On sentait que le médecin n'avait pas beaucoup de considération pour Brel… Soudain, il lui a dit : « Monsieur Brel, quelle impression ça vous fait d'avoir un sursis ? » On a senti l'ambiance se figer…

– Et après ?

– Après, j'ai eu la chance, en me promenant sur l'île, de trouver sa maison. Brel adorait le pilotage. Je lui avais dit que j'étais pilote d'avion et que j'aimerais bien en parler avec lui. Lorsque nous sommes arrivés chez lui, il était à l'orgue. On était deux, trois, je ne me souviens plus. Brel était assez malade. Il a commencé à chanter. Il travaillait sur la chanson *Les Marquises* à ce moment-là, *Quelques vieux chevaux blancs qui fredonnent Gauguin*, puis là, il partait dans des quintes de toux ! La jugulaire qui gonflait. Je me disais : il va mourir devant moi, c'est pas possible. Et il se reprenait, il continuait à chanter. Extraordinaire. On écoutait des inédits ! Chez lui ! On avait la chance de découvrir en primeur les paroles de quelques chansons, *Jojo*, *Jaurès*. Quelque chose de fantastique, mais on est restés peu de temps, on ne voulait pas l'importuner. Ce fut très, très rapide. Puis on a continué notre petite promenade dans l'île.

★

> « Il n'y a pas de mystère Brel. Les gens disent que je suis parti vivre ma solitude, ce n'est pas ça du tout, c'est tout le contraire. Je vis tout, sauf la solitude bien sûr, c'est évident. Je suis parti parce que mon Far West était envahi, alors je suis allé le faire plus loin. Et ici, je l'ai, mon Far West, et complètement, oui complètement, là complètement. Et je continue à avoir les mêmes idées, je suis parti pour ne pas changer. J'avais l'impression de m'abîmer. Je ne voulais pas finir comme eux. Alors J'ai changé d'endroit. »

★

– Et Brel, hormis son état de santé, comment l'aviez-vous trouvé ? Avenant ? Méfiant ?

– Il était… comment dire ? Un peu sauvage, vis-à-vis du monde. Je dis sauvage parce qu'il était assailli – pas trop par les Marquisiens, les Marquisiens ne connaissaient pas sa célébrité, pour eux, Brel était quelqu'un comme un autre. Mais pour lui, les Marquises, je crois que c'était comme un dernier refuge, qu'il avait besoin de faire le point avec lui-même. Les Marquises, pour lui, c'était la nature, mais aussi l'antichambre de la mort. Il y avait une dimension métaphysique dans son attitude, comme une recherche, une préparation pour le grand voyage, *Et par manque de brise, le temps s'immobilise / Aux Marquises.* J'ai vécu ce moment avec lui comme ça. L'impression d'une recherche métaphysique, d'une recherche intérieure. Il était aussi très convivial, il aimait rire… il aimait… Il avait l'impression que le temps était compté, qu'il fallait partir et il voulait profiter des derniers instants. Il voulait que ce soit des moments heureux, que le bonheur continue jusque-là, jusqu'au départ. Il nous avait raconté qu'il recevait souvent chez lui les pilotes d'Air Polynésie, qui le fournissaient en truffes, en foie gras, en trucs comme ça. Ils l'aidaient à bien manger !

Les pirogues s'en vont, les pirogues s'en viennent
Et mes souvenirs deviennent ce que les vieux en font
Veux-tu que je dise, gémir n'est pas de mise
Aux Marquises.

Les Marquises

– Je me souviens, il avait son Beech 18, le *Jojo*, un très beau petit avion, avec lequel il faisait des liaisons, en particulier pour distribuer le courrier sur les îles Marquises. Il n'y avait pas de ligne à l'époque et, les Marquises, c'est à 1 500 kilomètres de Papeete. Brel, c'était un aviateur, un vrai, de ceux qui peuvent faire voler n'importe quoi, qui vont sentir ce qui ne va pas. Un pilote va presser les boutons, vous dire que c'est comme ça, on suit une procédure, un aviateur va sentir. C'est toute la différence. Brel me racontait qu'il avait emmené sur Papeete une femme sur le point d'accoucher et qui avait eu des difficultés. Il était apprécié des Marquisiens, il rendait beaucoup de services. Il était à la disposition des gens. Il rapportait des médicaments, et le courrier, et des courses, des choses nécessaires sur les îles.

– Il vous a montré son *Jojo* ?

– Non, non, je l'ai vu un jour où je suis allé à l'aérodrome… Parce que tout bon aviateur va d'abord sur un aérodrome quand il arrive quelque part ! Son avion, il l'aimait. Il l'aimait comme j'aime mon avion. Il me parle. Quand il a envie de voler, il me le dit. Donc je le caresse. Je lui caresse les ailes. Je caresse le moteur, son hélice. C'était pareil pour Brel. Une façon d'aimer, d'aimer aussi son ami disparu, *a posteriori*. Parce que Jojo n'était plus là, mais il était là. On sentait que pour lui c'était… Brel avait cet esprit de liberté, cette envie d'admirer la terre… Il y avait la maîtrise de la quatrième dimension, bien évidemment, mais aussi ce retour aux origines. En fait, c'est le vol, c'est l'oiseau. Je pense qu'il y avait chez Brel cette dimension très pure. Une espèce de pureté dans le vol, quelque chose de magique. Aristote disait : « Il y a trois types d'hommes : les vivants, les morts et ceux qui vont sur la mer. » Aujourd'hui, je pense qu'il ajouterait : « et il y a ceux qui vont dans les airs ».

Il y a deux sortes de temps
Il y a le temps qui attend
Et le temps qui espère
Il y a deux sortes de gens
Il y a les vivants
Et moi, je suis en mer.

L'Ostendaise

Philippe Coffinet joignait le geste à la parole, il me faisait faire le tour de son antre, avec délice et avec grâce, laissant ses mains effleurer les fuselages, son regard se perdre dans les hélices, ses bras dans les ailes.

Un ballet – il avait dit vrai.

Concernant les venues de Brel à Vesoul, le médecin était désolé. Ce sujet n'avait pas été abordé lors de leur rencontre, Philippe le regrettait, il ne savait même pas pourquoi il ne lui avait pas dit qu'il venait de là, mais c'était comme ça. Philippe s'excusait presque, je lui disais que ça n'avait pas d'importance, que ce n'était pas le percement du mystère qui importait, mais le mystère lui-même – comme Brel estimait que le plus important, c'était moins la destination du voyage, et même le voyage en tant que tel, que d'avoir la force d'aller à la gare.

Justement, de Brel, Philippe et moi retenions avant tout l'homme des départs et des décollages, du vol à vue et de la vie à perte de vue. Philippe Coffinet avait un faible, et ça se comprenait, pour l'album bleu, *BREL*, celui des *Marquises*, ultime album enregistré en octobre 1977 dans des conditions épiques. Trois semaines au studio Hoche, à Paris, avec ses musiciens de toujours, ses amis aux aguets, comme Gérard Jouannest : « On savait qu'il valait mieux que Jacques ne chante pas trente-six fois la même chanson. Il nous répétait assez qu'il n'avait qu'un poumon et qu'il avait du mal à respirer. Alors, on était très tendus. »

Pour la sortie de l'album, Brel n'est pas à Paris. Il refuse le cirque promotionnel, il a mieux à faire, une vie à achever. Eddie Barclay orchestre les choses en grand, accepte le veto demandé par le chanteur – personne ne doit écouter l'album avant sa sortie. Petits disquaires ou grosses radios, chacun est logé à la même enseigne. Les précommandes sont livrées sous séquestre, containers et cadenas, l'excitation monte, et la demande de discrétion se retourne, François Rauber s'insurge, estimant « dégueulasse que la demande de silence de Brel soit exploitée à ce point ». *BREL* est un succès immense, immédiat, inédit. La presse s'en mêle, dans sa naïveté touchante, « Brel lancé malgré lui comme une marque de lessive », « Une campagne trop bien orchestrée », « Les profiteurs de Brel ».

Le monde du music-hall avait définitivement changé, la loi du marché avait imposé sa loi, au régal des orbiteux du showbusiness devenu, comme Brel les appelait, il disait aussi les satellites, tous ces vampires qui avaient transformé sous ses yeux l'artisanat du métier en industrie. Ces orbiteux, proto-managers, qui annonçaient le monde moderne : l'idée de *team*, d'esprit de *team*, pour brouiller les hiérarchies qui ressurgissent quand les chefs en ressentent le besoin.

Sur son île, Brel est en colère, Barclay l'a trahi, les hommes sont des salauds, et seuls les braves se terrent dans des hangars, ou des maisons à l'écart.

★

> « Je veux vivre en retrait, non pas en ermite. J'agirai ainsi pour écarter un certain nombre de malentendus qui me détruisent peu à peu. Je suis d'ailleurs convaincu d'être seul actuellement. Alors autant arrêter une fois pour toutes ce petit jeu idiot qui consiste à tenter désespérément de ne plus l'être puisque, en réalité, je le suis foncièrement. »

XXVII

Son père s'appelait le Sorcier de Vesoul, c'était même écrit en gros, au-dessus de l'enseigne, rue Georges-Genoux, au cœur de la ville. Mois après mois, je passais devant le magasin, sans oser y pénétrer, comme face à une malle aux trésors, qui attendrait son heure. La boutique d'articles de pêche tenait du miracle, restée dans son jus, celui des années Brel, avec sa décoration garantie début années 1960, sa calligraphie de toute beauté, bleu et blanc, un solide escalier intérieur en colimaçon, du lino partout, un bac à poissons rouges en céramique vert, et des comptoirs en bois massif.

À chaque passage devant la vitrine, je découvrais un détail, des bouchons taille XL, des amorces de fond, des gadgets que je ne comprenais pas *ici*, des gadgets érotiques que je prenais bêtement pour des artifices de pêche, avant de saisir, et puis des farces et attrapes, des pétards, et ça, une truite immense, immortalisée dans le formol : « La Tordue, 9 livres, 75 cm, prise à la mouche, le 5 juin 1968 ».

Ainsi des voyages, on se garde des endroits, pour plus tard, le meilleur pour la fin, ou pour les jours piteux, quand on se demande ce qu'on fout là, et puis, un jour, sans qu'on sache trop pourquoi, un vent vous guide, et on pousse la porte.

★

« Alors quel est l'espoir de Jacques Brel ?
– Pour moi, Dieu ce sont les hommes. Et un jour ils sauront… voilà. »

★

Henri Bresson – c'était le père – était un mythe. Un des meilleurs pêcheurs d'eau douce au monde, inventeur de la French Tricolore, une mouche qui allait révolutionner la pratique, du genre de celles que des amateurs se font tatouer dans le dos.

– Il envoûtait les poissons, dit Jean-Paul, le fiston, cinquante ans derrière le comptoir, cinquante ans à faire briller les meubles du magasin et la légende du père. Il avait une vue incroyable 17/10, il voyait tout, c'est le *Reader Digest* qui l'a surnommé le Sorcier de Vesoul. Il voyait les truites sous les pierres !

Mais Bresson père n'était plus, et il avait bien fallu diversifier les affaires. La pêche, disait Jean-Paul, ça a un peu baissé, les rivières ne sont plus ce qu'elles étaient, la pollution, tout ça !

Jean-Paul avait commencé par les cotillons, les sprays caca, les porte-clés siffleurs, les bonbons au poivre, puis il avait ouvert un rayon T-shirts humour (ça donnait : « à 30 ans, j'attends toujours mon prince charmant », « à 40 ans, je ne crois plus au prince charmant », « à 50 ans, reproductrice agréée »). Ensuite, il était passé au bric-à-brac autodéfense, la grosse folie, disait-il, les matraques, les bombes de défense, le Taser, au premier fait divers d'importance, les ventes grimpaient, et puis les Maghrébins…

– Quoi, les Maghrébins ?

– Quand ils rentrent au bled, ils se font dévaliser sur les autoroutes en Espagne. Le Maroc, depuis Vesoul, ça fait loin. Alors, ils s'arrêtent en Espagne. Ils emmènent avec eux du fric, des cadeaux, et se font braquer par de faux policiers sur les aires d'autoroute. Du coup, ils passent chez moi avant, faire quelques emplettes…

Puis l'incorrigible passa aux choses sérieuses : les poupées gonflables (ça avait commencé avec les mariages, les gens les arrimaient sur leur voiture), puis les godemichés, des geishas. Au début, Bresson père et mère avaient dit oui, du bout des lèvres, du moment qu'on ne mélangeait pas moulinet et martinet, que ça se passerait à l'étage, à l'abri de la bonne société vésulienne.

– Maintenant, je mets des gadgets dans la vitrine, dit Jean-Paul. J'entends les commentaires des mémères, « mais à quoi ça sert, ce machin ? », ça me fait rigoler !

★

> « La solution, c'est de se battre. C'est d'être libre. C'est difficile, c'est épuisant parce qu'on se trompe tout le temps, parce qu'il y a pas de chemin tracé. Et que les circonstances se modifient sans arrêt. Je crois que c'est ça : un problème de dignité. Et puis on est furieusement seuls. Mais il n'y a que ça qui soit à mon avis relativement digne comme solution. »

★

À l'étage, le voyage continuait, et la malle aux trésors s'offrait. Il suffisait d'un peu de curiosité, et un monde insoupçonné s'ouvrait, en un sens un monde courageux, qui bravait les convenances, et les mœurs à la Maupassant, la France profonde et l'étouffoir des qu'en-dira-t-on, la réaction en marche et les poussées homophobes. Et peut-être Jacques Brel lui-même, engoncé dans les stéréotypes d'après-guerre, lui qui n'aimait pas bien les homos (*Les Bonbons 1967*, et son personnage efféminé, pur produit de l'époque, et vraie faute de goût). On lui prêta même le refus d'accorder *Amsterdam* à Bowie, au prétexte que : « Je ne donne pas mes chansons aux pédés. »

À l'étage du Sorcier, on trouvait tout un rayonnage de sous-vêtements destinés aux hommes. Jean-Paul prenait un malin plaisir à m'expliquer comment ça se portait, ce que ça mettait en valeur, et qu'il vendait toutes ces babioles autant par provocation que par affirmation. Son dada, c'était les jockstraps :

– Pourquoi les femmes auraient des strings et les hommes, rien ? C'est les Cains-Cains qui ont inventé ça. C'est beau, vous trouvez pas ? Il y a vingt ans, mes parents entendaient : « Vous vous rendez compte de ce que votre fils vend ? » Aujourd'hui, c'est entré dans les mœurs. Aujourd'hui, le monde a changé. Même ici, même à Vesoul.

En sortant de la boutique, je sentais mon pas léger, comme si j'étais réconcilié avec le pays ; et avec Vesoul ; je souriais à ses petites arrière-cours, enfouies sous le gris et les siècles. J'étais requinqué, et ça tombait bien, un gros poisson m'attendait.

XXVIII

Son nom revenait sans cesse dans les conversations, certains l'appelaient l'Empereur ; le maire me l'avait décrit comme un bourgeois saltimbanque ; on disait aussi le King ; son évocation était chaque fois teintée de respect et de crainte, ou d'admiration et de jalousie, ce qui revenait au même – avec son fils, Jean-Claude Tupin possédait la moitié de Vesoul.

Au téléphone, l'homme d'affaires m'avait annoncé une affaire, la révélation sur Brel, la véritable histoire de Brel à Vesoul, vous allez voir, vous serez content, il disait – une façon naïve de me prendre pour un naïf, mais un argument qui restait néanmoins efficace pour m'appâter, et s'assurer de ma venue. *Aller voir*, c'est toujours y croire. Aucun doute, Tupin était bien un empereur, et un empereur est toujours en campagne. Sa voix, pleine de gouaille, était pleine de promesses. On était en affaires, comme on dit au Québec.

À notre rendez-vous, Jean-Claude Tupin s'était rendu habillé comme un chroniqueur sportif de chaîne du câble, en blazer bleu marine, boutons dorés, avec quelques décorations épinglées, un brin parvenu et éminemment sympathique – gouailleur et prometteur, c'était tout à fait ça. Le septuagénaire était le prototype du notable, franc-maçon, de droite, jadis antiquaire dont il avait gardé le conservatisme des usages – mais aussi la folie du métier. Son bureau, à l'étage de son Majestic, un multiplex de cinéma, fierté de la ville, au confort somptueux (écrans mur à mur, fauteuils clubs, rangées spacieuses), ressemblait à une chambre d'adolescent, tout en folie, et doux désordre, vieux papiers entassés, caméras début de siècle, projecteurs en bois, réclames et affiches de cinéma jaunies, armoire normande et factures en pagaille, et, face à lui, sur une étagère, un père qui le contemplait : Napoléon.

★

> « Une bonne chanson c'est un plan fixe, et si on fait des panneaux caméra-bretelle, on est fini, c'est qu'on parle d'autre chose. Ce n'est pas une chanson, même si c'est joli. »

★

Tupin avait démarré dans les années 1970, avec une première petite salle dans Vesoul. Il faisait dans le porno et le karaté, seuls registres que ses concurrents avaient daigné lui laisser, avant que Tupin ne les rachète un à un. Chaque lundi, le jeune directeur de salle recevait le coup de fil d'un distributeur de films X, alors Jean-Claude, t'as bossé ce week-end, tu m'as trouvé des titres de films ? Et Jean-Claude lui donnait ses trouvailles : *Avec les oreilles, qu'est-ce que vous faites ?*, *L'ouvreuse n'a pas de culotte*, *L'arrière-train sifflera trois fois*. Plus tard, on le vit grimper dans les arbres, à accrocher des émetteurs FM, c'était l'éclosion des radios pirates, pas encore libres, Tupin sentait le filon, il se retrouva en garde à vue :

– J'ai commencé avec des Dipo pour faire chier le monde. Les Dipo, c'était des machines qui servaient à extrapoler le son. Avec une Dipo, on faisait tout Vesoul. J'ai jamais bien su comment ça marchait. Je ne suis pas un technicien, moi, je suis un théoricien. L'attentat je sais comment il faut le faire, mais c'est pas moi qui vais tenir le bazooka.

Toute la vie du bonhomme était à l'avenant, Jean-Claude Tupin disait qu'il n'en avait rien à foutre de rien, qu'il était cinglé, et que seul Bonaparte, dont le buste veillait sur lui, comptait. Il aimait reprendre mes questions, comme pour me donner un peu de considération et, à lui, un peu d'air avant de trancher. Un classique.

– Tupin, combien de garnisons ? Beaucoup de garnisons, beaucoup d'ennemis, aucun tué. Plutôt bien, non ? Une bataille après l'autre et voilà. Mais à vivre sans péril, on triomphe sans gloire. J'ai toujours mis ma vie devant les canons. Je ne suis pas un mec qui court après le fric. Je bosse comme un dingue, encore maintenant, à 70 ans. Aujourd'hui, on est le douzième groupe français d'exploitants de cinéma. Et j'ai démarré à Vesoul quand même !

Sa grande victoire, c'était son Majestic et sa ZAL, pour zone d'activités de loisirs, un espace immense, aseptisé et sans âme, pareil à des milliers d'autres en France, à l'entrée des villes. Tupin avait tout bâti : le cinéma, le bowling, le Subway, le McDo, le Courtepaille et le merveilleux parking. Tupin le battant, c'était la France moderne, celle des franchises, du tout-auto, du standard en étendard. Cette zone, il l'avait montée en famille, aucun restaurant du centre-ville n'avait voulu le suivre, ils lui disaient fais ton cinéma, tu n'y connais rien mon gars, et guettaient son Waterloo.

– J'ai pas voulu faire la zone pour tuer les autres, hein ! C'est pas moi qui ai tué le machin truc, le centre-ville ! On doit juste se bouger, les Haut-Saônois ! On parle français comme à Paris. Le kilowattheure, il est au même prix. Le mètre cube d'eau, il est au même prix, ou à peu près. Moi, j'ai pris des risques, ici. J'ai mis des millions. Et le premier soir, vous savez ce que j'ai fait ? J'ai dit : je veux qu'on voie le parking, je veux que ça soit plein, alors, j'ai fait venir gratuitement une exposition de voitures à vendre. Il y avait deux cent cinquante bagnoles, le parking était complet. En fait, il n'y avait que quarante personnes dans les salles de cinéma, mais tout le monde s'est dit : Tupin, il a réussi.

Ce soir, j'attends Madeleine
On ira au cinéma
Je lui dirai des « je t'aime »
Madeleine, elle aime tant ça

Madeleine

De Brel, Jean-Claude Tupin était un inconditionnel. Brel le chanteur, une icône ; son style le comblait, tout en travellings et crescendos, en envolées qui s'épanouissaient en gros plans. Brel l'homme, un modèle ; le gars simple, qui buvait de la bière, pas du mouton-rothschild. Brel l'acteur l'enchantait, il jouait juste, d'ailleurs Lino Ventura n'aurait pas joué avec lui s'il n'avait joué juste, voilà, Brel, disait Tupin, c'est pas surjoué, c'est bien joué, c'est joué. Brel le réalisateur trouvait aussi grâce à ses yeux, et probablement pour une raison que Brel n'aurait pas reniée : il était allé au bout de son envie, et la réalisation du désir tenait ici lieu de réalisation tout court. Il existait une légère nuance : là où Tupin voyait la consécration du *self-made-man*, Brel, sûrement, y aurait plutôt vu de la propagande par le fait, du Far West pour de bon. Tupin n'y était pour rien dans la confusion, sans doute qu'entre les deux notions, la frontière était devenue floue dans la France des années 2020 naissantes. La valeur travail, après cinquante ans de chômage de masse, avait changé de main. Un président de la République pouvait dénoncer le

« pognon dingue » dépensé pour les pauvres, sans que les pauvres ne deviennent dingues et n'attaquent la République insultante.

Il y avait quelque chose de cocasse, et de savoureux, et de beau à voir ce Tupin, que tout opposait à Brel, parler de lui avec tant de précision, et tant d'affection. Un point les rapprochait assurément : dans ses Marquises, Brel le cinéaste fut aussi projectionniste. À bord de son *Jojo*, il allait chercher les bobines du *Jour le plus long*, *Bonnie and Clyde* ou *Grease*, présenté dans son village avant même Papeete.

Ça sent la graisse où dansent les frites
Ça sent les frites dans les papiers
Ça sent les beignets qu'on mange vite

La Foire

À une époque, l'un des fils Tupin, candidat à des élections, avait arpenté Vesoul avec pour slogan : « Sauver le centre-ville ». Christophe le pizzaiolo m'avait raconté que Tupin Junior était venu jusqu'à son camion, place Jacques-Brel, et Christophe disait s'être énervé, avec l'envie de lui jeter ses tracts à la figure. Le double discours de la famille Tupin ne passait pas, la zone de loisirs excentrée et le petit commerce de proximité, ce duel résumait les clivages des villes françaises, la mort de leur clocher et du mode de vie qui s'était ancré à leurs pieds des siècles durant. La question n'était pas tant celle, stérile et futile, de la nostalgie, sur laquelle surfaient désormais quantité de pamphlétaires plus ou moins inspirés, et plus ou moins sincères – leur affichage réactionnaire puait le fonds de commerce – que de discuter de l'évidence : qu'annonçait le big bang des communes rurales et des villes moyennes ? Le Brel des tournées, le Brel de l'ennui d'après gala, où irait-il aujourd'hui ? Dans une ZAL ? Tupin en était persuadé, Brel trouverait ici assez de bière pour faire le zouave, ou refaire le monde ; j'étais sceptique. Une photo de Brel me hantait, prise au cœur de Roubaix, en mai 1967, dernier concert en France. Brel, de dos, dans une rue pavée, face à Brel, de face, en affiche. Cliché sublime de la fin d'un monde.

Nous étions convenus avec Tupin d'une petite demi-heure, l'entretien excéda largement la durée. L'exploitant voulait s'expliquer, la visite de son cinéma avait des accents d'invitation au voyage, son bagout m'enivrait, et même, à la toute fin, ses questions me touchaient, parce qu'elles disaient que la toute-puissance ne garantissait pas tout : Les gens, ils vous disent quoi de Tupin ? Ils m'aiment bien, non ?

C'était son aveuglement que j'appréciais, sa façon d'être un perpétuel franc-tireur, à viser tout ce qui bouge, pour le plaisir du bon mot, humour paillard et fierté campagnarde, lui et moi, *On n'était pas du même bord / On n'était pas du même chemin / Mais on cherchait le même port.*

– Si je me considère bourgeois ? Mais vous plaisantez ! Je ne suis pas du tout bourgeois, ou alors un bourgeois dingue. Je ne me fais pas sucer par la bonne, j'ai pas cinquante maîtresses, je ne mange pas à heure fixe, on ne me sert pas à table. Je suis capable de couper mon bois, je ne suis pas le mec bien gras, bien dodu, assis à son bureau, qui appuie sur un bouton : « Marie, encore un porto. » Un bourgeois qui vit dans l'opulence et machin. Moi, je joue, tout le temps.

– C'est votre définition du bourgeois ? Pour Brel, c'était l'immobilisme. Pour moi, l'hypocrisie, pour vous c'est…

– Le bourgeois, c'est peut-être le curé qui lit sa messe et qui, tranquille, va se plafonner deux-trois gonzesses, puis ira se confesser du péché de chair. Mais les bourgeois comme vous l'entendez, aujourd'hui, ça n'existe plus ; la classe bourgeoise, elle a disparu. Quand j'étais gamin, il y avait des gens cossus, ils puaient la bourgeoisie, ils sentaient fort la graisse et le suif. Mais c'est plus comme ça aujourd'hui. Moi je roule à 200, je suis un lascar, je ne suis pas un bourgeois, sûrement pas !

J'insistais :

– Je crois tout de même qu'il y a encore une bourgeoisie…

– Sur le fond, vous avez raison, mais sur la forme, ça n'existe plus. Je les connais tous les bourgeois. Mais ils se la pètent avec quoi ? Ils n'ont pas une thune, rien du tout. Leur voiture est à crédit. Moi j'ai bossé pour avoir. Je ne suis pas le fils de.

Mais c'est plus un trottoir
Ça d'vient un cinéma
Où les gens viennent te voir
Viens, Jef, mais viens viens

Jef

Soudain, Jean-Claude Tupin décida de changer de sujet, comme on programme une salle. J'étais chez lui, il entendait le rappeler :

– Alors, la véritable histoire de Brel à Vesoul… C'est ce que vous êtes venu chercher, non ? Dans mes amitiés lointaines, il y a un garçon qui s'appelle Jean-Michel, garagiste Peugeot, il était installé rue des Alliés. Et Jean-Michel m'a raconté qu'un soir, après une tournée de Brel à Vesoul, ils avaient fini dans sa chambre, avec Bernard, garagiste lui aussi, mais de la marque Renault, lui. Et ensemble ils avaient écrit des bribes d'une chanson sur Vesoul… Ça se passait rue des Onchets, à Échenoz-la-Méline, une commune qui jouxte Vesoul…

– Et pourquoi Brel se retrouve avec ces messieurs ? demandai-je, étonné.

– Parce qu'à l'époque, ces garçons font partie de la haute société et de la bourgeoisie vésulienne. Ils sont admirateurs de Brel. Et Brel doit se faire chier à la fin de ses concerts, il doit picoler un coup avec eux – ce sont de forts picoleurs.

À vrai dire, l'histoire de la panne était revenue plusieurs fois durant mes séjours à Vesoul, avec des variantes : voiture ou avion, on alla jusqu'à m'indiquer que c'est le patron de La Bonne Auberge lui-même qui aurait appelé les garagistes à la rescousse pour dépanner son client artiste. Que cette version soit plausible importait peu, elle était tout à fait possible, et ce possible donnait plus d'importance à la bataille des souvenirs qu'à la vérité pure et simple. La genèse devenait mythe, et c'était au Majestic, entre son pop-corn et son *surround*, que la légende prenait vie.

– Et c'est ainsi qu'ils passent ensemble une partie de la nuit, assez arrosée. Brel a dit : « Ah Vesoul, ça m'a vachement plu. Vous êtes une sacrée bande de joyeux drilles… » Et ils ont commencé à composer dans la chambre de Jean-Michel. Moi, je lui ai même racheté un 45 tours de Brel, à Jean-Michel, qu'il avait signé ce soir-là, chez lui…

Mais, je te le reredis, Kaï !
Je n'irai pas plus loin

Vesoul

À peine Jean-Claude Tupin salué, je fonçai rue des Alliés, au 90, à l'adresse du garage Peugeot. Le Jean-Michel en question n'y était forcément plus, mais je voulais humer l'endroit, sentir ses murs, ses pierres – les écouter, qui sait, deviner la DS de Brel, ses pieds sur la banquette avant ?

Sur place, un pompier, un gradé, pas trop commode, m'envoya réviser mon registre du tribunal de commerce. Le garage avait été rasé depuis les années 1990, qu'est-ce que c'était que mon histoire ? Désormais, au 90, rue des Alliés, les seuls véhicules qui transitaient étaient rouges, avec des échelles et des sirènes – et pas de celles qui accompagnaient les succès.

XXIX

– À Vesoul, les corps mettent trente ans à se décomposer, au lieu des cinq en moyenne. Vous savez pourquoi ?

– … Non.

– Parce que les terres sont trop humides, ça empêche les microbes de proliférer.

C'était un jour de mai, au nouveau cimetière, entre la route de Paris, voisine, et le Montmarin, au pied. Il devait être midi, un soleil brûlant, Didier Coltel, le préposé municipal aux pierres tombales, parlait de la mort avec amour, comme d'autres *parlent de la mort comme tu parles d'un fruit*. Depuis 1993, à lui, l'ancien horticulteur, la Faucheuse était son quotidien. Coltel avait une énergie prodigieuse, qui devait tout au désir de bien faire. Le responsable parlait d'ordre, de pouvoirs de police, d'allées alignées, de rotations de concessions, de faire de la place, partout, dans l'ossuaire comme chez les sans-concession, comme du nouveau secteur du cimetière, ouvert depuis dix ans, pour répondre à la demande, des tombes orientées vers La Mecque. Et de son idée de génie, qui racontait la misère d'aujourd'hui.

J'veux qu'on rie
J'veux qu'on danse

J'veux qu'on s'amuse comme des fous
J'veux qu'on rie
J'veux qu'on danse
Quand c'est qu'on m'mettra dans le trou

Le Moribond

– Voilà, c'est ici : l'exposition. Nos monuments d'occasion. Vous voyez, sur chaque tombe, il y a un numéro de lot et, ici, sur le catalogue, le prix… On l'a mis sur notre site Internet, aussi. Celle-ci, elle est à 400 euros. Un tiers du prix neuf, environ. En granit du Tarn, le moins cher. On a enlevé le nom, bien sûr, là où c'est dépoli. Tout est fait dans les règles de l'art, avec décence et respect pour les défunts, c'est la loi. Tenez, ce monument, il est réservé, regardez, intact, il n'y avait pas de nom dessus. On ne vend ces monuments qu'aux familles modestes… On ne leur demande pas leurs revenus, les gens sont déjà dans la souffrance et puis on leur fait confiance. Les gens, ils me disent, aujourd'hui, la mort c'est tellement cher. C'est bien, votre initiative. Ça nous laisse le choix du prix.

Didier Coltel avait eu l'idée dix ans auparavant, dix ans trop tôt. Aucun élu n'avait voulu le suivre, la mort c'est sacré, la mort c'est un rituel, surtout ici, à Vesoul, même la mode des urnes, comme il l'appelait, elle n'a pas encore tout à fait trouvé son chemin, et puis c'était quoi son idée farfelue de revendre les monuments en bon état, ceux qu'on démonte faute de bail, de concession renouvelée ou d'enfants attentionnés ? Les maires craignaient la presse ; les pompes funèbres, la concurrence ; et le bon peuple, les traditions. Tout ça pour servir les démunis…

– Mais quand l'expression « développement durable » est arrivée, comme qui dirait, ça a sauvé l'idée. J'ai un jeune élu qui a compris, et qui a accepté d'embrayer. Vous savez, les granits, les déchetteries n'en veulent pas, parce que, bon, c'est pas terrible pour l'image. Les carrières, elles, elles demandent que tout soit cassé en morceaux, et nous, on n'a pas les moyens. On est comme tous les services publics : on est confrontés à un manque de place et, dans le même temps, on doit se serrer la ceinture. Et dès qu'on a annoncé l'opération des tombes d'occasion, on a eu des demandes. Le jour même, parfois de loin. Mais, moi, je peux vendre qu'à des Vésuliens. C'est le cimetière de Vesoul, ici.

★

> « Quand j'étais petit, on voyait les morts. On voyait les gens malades. On les voyait, mais on ne les voit plus. Et maintenant je crois que les gens se croient bien portants. De se croire bien portants à se croire éternels, il n'y a qu'un pas. Me semble-t-il que, par moments, un certain nombre de leurs problèmes sont des problèmes d'immortels. Alors qu'on est mortels. C'est pour ça que je dis qu'il faut aller voir… Il faut savoir tous les jours qu'on est mortels. L'idée de la mort n'est pas une idée triste. C'est une idée fantastique. Il y a plein de problèmes qui sont des problèmes d'immortels, et qui ne m'émeuvent pas. Je crois que je continue à aller assez droit en un mot, voilà. C'est peut-être uniquement par manque d'imagination, vous savez… »

★

Septembre 1978, aéroport du Bourget. Brel est en partance pour Genève, un poumon en moins, une opération à venir, le cancer, une canne, le visage émacié, il a la mort et les paparazzis aux trousses. Cette mort qu'il a tant sifflotée, cette mort jamais redoutée, parfois appelée, toujours saluée ; elle est enfin là, fidèle au *J'arrive* : *C'est même pas toi qui es en avance / C'est déjà moi qui suis en r'tard / J'arrive, bien sûr j'arrive / N'ai-je jamais rien fait d'autre qu'arriver ?* – et les charognes rôdent.

1978, les années 1980 cognent à la porte, l'époque va changer, comme les Marquises sont loin. *Paris Match* publie trois photos du malade, grand naïf, qui s'est entouré le visage de bandelettes, croyant échapper aux clichés, « Cet homme invisible : Jacques Brel ».

Au Bourget, Brel est pris de panique. Les salauds sont partout, tous ces chacals qu'il avait repoussés avec ses adieux à la scène, puis son exil aux Marquises, les voilà qui s'agitent, revanchards, ils ne vont pas le lâcher. Ah, ses adieux : même Guy Lux en perdit de sa superbe, en direct, dans *Le Palmarès des chansons* (novembre 1966), devant Brel, il bredouilla, tous bredouillèrent, Chancel et les pires, l'impensable n'était pas à leur portée. Les choses étaient pourtant claires : arrêter avant de constater le triomphe de l'habileté, ou même l'honnêteté bêta imposer sa loi, arrêter avant de tricher, arrêter avant de ne plus avoir besoin de vomir, de ne plus livrer bataille, arrêter à 38 ans, plutôt que devenir *Comme je le redoute / Chanteur pour femmes finissantes* et, entre cent déclarations, deux de guerre pour la presse : « Il y a quinze ans que je chante. C'est marrant, personne n'a voulu que je débute et personne ne veut que je m'arrête. » Et : « On n'a pas besoin d'être avec le public, on a besoin d'être avec les hommes. On a besoin de savoir le prix du pain, tous les jours. »

★

> « Moi, il me reste une dose de maladresse : cela me donne de l'espoir. C'est dans la faiblesse que le faible trouve sa force ! C'est dans la laideur que l'on envoûte si on ose la montrer. Qui n'a pas aimé Quasimodo ? Ne fût-ce qu'Esmeralda ? »

★

À l'aéroport, on a sûrement dénoncé Brel. Peut-être le portier de l'hôtel George-V, ou un autre, il y a tant de minables pour un petit billet. Et ce n'était que le début : dix ans plus tard, les maisons de disques allaient commencer à tout racler, fonds de tiroirs pourris et photos jaunies, l'intégrale, mon intégrale que m'avait confiée mon rédacteur en chef, n'étant que la première d'une série, ça allait radoter comme chez *Les Vieux*, *Du lit à la fenêtre, puis du lit au fauteuil, et puis du lit au lit*, d'un disque à l'autre, d'un bonus à une chute de studio, ça *ronronne au salon*, ça pue la mort.

Bientôt, les sages biographies seraient pléthores – deux font autorité, *Brel, une vie* d'Olivier Todd, et *Jacques Brel : vivre debout* de Jacques Vassal ; mais aussi *Brel l'auteur*, bourré de manuscrits et de détails, par France Brel, la cadette de ses trois filles, qui gère les droits, la Fondation, la chaîne YouTube et le musée Brel, comme Miche, la mère, tint toute sa vie les comptes et les éditions musicales. Entre les trois livres, une légion de philatélistes qui allaient s'écharper pour une dent, un numéro de disque mal reporté, une date erronée, ou un oubli d'infime importance.

Dans l'urgence, Brel se réfugie dans un couloir de l'aéroport, pousse la première porte venue, et attend. Maddly Bamy, sa compagne, occupe la meute. Mais la meute ne veut rien savoir, la comédie tourne au drame et l'attente à la torture. En petite chemise, Brel prend froid, bronchite, dans son unique poumon.

Mourir de faire le pitre
Pour dérider l'désert
Mourir face au cancer
Par arrêt de l'arbitre

Vieillir

À 4 h 10, le 9 octobre 1978, Jacques Brel succombe à une embolie pulmonaire. Au pied de l'hôpital franco-musulman de Bobigny, les télévisions filment la fenêtre de la chambre de celui dont elles entament déjà *Le Tango funèbre* (*Est-ce qu'il est encore chaud ? / Est-ce qu'il est déjà froid ?*). Va-et-vient des proches, en noir, des infirmières, en blanc, des admirateurs, en gris, les images marronnasses ont cet aspect déjà dilué, passé, qui laisse *au visage un teint de cendres*, on sent l'improvisation, les débuts de la mort qui tâtonne en direct à la télévision.

Ce lundi d'octobre 1978, Brel n'est plus, mais il n'est pas tout à fait mort, il nous attend là-haut, au troisième étage de l'hôpital, et nous regarde devenir ennemis à nous-mêmes, tous mateurs-matés, surveillants-surveillés, paparazzis au petit pied, comme si on avait mal compris, pas assez écouté, tous zombies que nous nous résignons à être, plus ou moins de bonne grâce, plus ou moins vivants parmi les morts-vivants : *Tu ne sais même pas / Sortant de mon cimetière / Que tu entres en ton enfer.*

Les amis se taisent, comme il leur en a intimé l'ordre ; d'autres radotent déjà du col. Et ma mère pleure comme jamais.

XXX

Michel Rousset avait lui aussi pleuré pour Brel, mais c'était dix ans plus tôt, à la première écoute de *Vesoul*. C'était en 1968, à Vesoul même, une radio qui s'échappait d'un magasin, Michel s'était approché, il avait collé son oreille contre la vitrine. Il était en transes, fou de joie.

Brel, il l'avait connu sept ou huit ans plus tôt, au bar de La Bonne Auberge. Michel était militaire et La Bonne Auberge, le QG de ses permissions. Ils avaient discuté ensemble, Michel voulait le remercier, car Brel, il était tout pour lui, c'était comme les Platters ou Paul Anka, *Ne me quitte pas*, un piège à filles dans les surprises-parties.

Pourtant les hôtesses sont douces
Aux auberges bordées de neige

Pourquoi faut-il
que les hommes s'ennuient ?

C'est Michel qui m'avait contacté, à Vesoul les nouvelles vont vite, y a un drôle de gus qui cherche Brel partout, c'était ce qu'il avait entendu dire.

Michel était catégorique. L'inspiratrice de *Vesoul*, il la connaissait. Elle était brune, comme on me l'avait laissé entendre, pas si grande, jeune, contrairement aux rumeurs les plus courantes ; elle était décontractée, mais élégante. La muse était danseuse, si ses souvenirs étaient exacts, pas serveuse à La Bonne Auberge, non, non, une cliente, amie des tenanciers ; les gens confondaient avec une autre femme, serveuse, elle, et croqueuse de vedettes. Puis Michel avait perdu de vue la femme, elle serait allée vivre dans le Sud, ou à Paris, ce n'était pas très clair, lui était resté à Vesoul. Un jour, pourtant, elle est revenue en ville, dans les années 1990, Michel le jurerait :

– Je lui suis tombé dessus et j'ai dit : « Ah ! Te voilà ! » Et elle m'a répondu : « Mon mari est derrière. Il est extrêmement jaloux. » Ça a duré quelques secondes, on s'est juste croisés… Je me souviens, c'était au Cora. J'entrais dans la galerie marchande, elle en sortait…

XXXI

À chaque visite, Claude y allait de sa franche poignée de main, comment ça va David ? Claude était comme ça avec tout le monde, fraternel, avenant, toujours un mot gentil à chacun et un prénom à tous. Claude était le tenancier de Chez Claude, un boui-boui d'un autre temps, niché face à l'église Saint-Georges, au cœur de la ville, et au pied du passage des Droits-de-l'Homme qu'on avait fermé à clé car les zonards y avaient trop zoné. Quitter Vesoul ne pouvait se faire sans un ultime salut à lui et à ses habitués.

Claude avait repris l'affaire vingt ans auparavant, quand elle n'était déjà plus une affaire. C'était une minuscule épicerie sans âme, sortie des années 1950, et tout était resté d'origine, porte d'entrée incluse, malgré les multiples intrusions sauvages. Claude avait fait du lieu un bois-debout, où l'on partageait des canons autour du poteau central du magasin, puis il avait ralenti l'épicerie, disposé quelques tables, et quelques chaises, pour que les anciens puissent se reposer. Depuis, dans le bouclard de 53 mètres carrés, toute une humanité entrait.

Claude, 67 ans, était un mystère. Physiquement, il avait fini par ressembler à une partie de sa clientèle, gueules cassées et vies brisées. Sa posture, plus droite, laissait deviner ses origines, sa vie d'avant, quand il avait quitté Vesoul pour Londres, et fut VRP chez Chrysler, la belle vie, les grands hôtels, les grosses compagnies aériennes, avant de revenir ici ; un divorce, etc.

Les fenêtres souvent
Soupçonnent ces manants
Qui dorment sur les bancs
Et parlent l'étranger

Les Fenêtres

Chez Claude était une agora de poche, théâtre d'un va-et-vient permanent, de clopes qu'on se roule, de vannes qu'on mitraille, de rires qui ne sont ni gênes ni fuites mais autodéfense, de petites boîtes à tabac qu'on manipule, de rixes rarement, de cris tout le temps, de pièces de monnaie qu'on déniche par miracle au fond d'une doublure, un monde sans télé, sans wi-fi, mais à crédit, merci Claude, où les téléphones sont comme les lendemains, cabossés et peu sûrs. En entrant, des rayons roses proposaient de la mauvaise bouffe, dont la qualité est de s'avaler sans préparation ni cuisine, cassoulets William Saurin, raviolis, Kinder, boîtes Saupiquet, boîtes Jean Nicolas, petits pois, haricots verts, macédoine, filets de maquereaux, Springles, Savane, Délichoc, Granola et Oasis, bières, Coca, vins, vodka, whiskies et alcools forts. Un présentoir proposait des cartes postales qui ne tenaient plus en place, un ourson de Noël se débattait avec un joyeux anniversaire qui semblait avoir déjà servi, tant il était écorné. Au fond, un petit vaisselier, un micro-ondes, un chauffage d'appoint. Et tout autour : Lily, l'arrière-grand-mère, l'acariâtre, qui vient tous les matins, à 9 heures et demie tapantes, boire son petit vin blanc et qui reste toute la journée à parler de ses magnifiques petits-enfants ; Rachid, un Algérien de Vesoul depuis 1964, le cœur sur la main, imitateur haut niveau de Johnny, qui travaille chez Pôle emploi, comme il dit, le plus gros employeur de France, qui embauche tout le temps, pas de licenciement chez eux ! Et Aurélien, l'arpenteur, un temps parti dans le Sud, c'est pareil que Vesoul, en fait, sauf que les connards tu les connais pas, c'est pour ça que tu trouves ça mieux ; Christophe, dit Gros Bidon, Gras Double ou Double Gras, que sa sœur Nathalie, une brune distinguée, venait chercher (elle avait son avis sur la maison Claude : on est mieux oublié ici que pas oublié ailleurs). Ou encore Fanny, 37 ans, une ancienne du collège Jacques-Brel, assistante de vie aux familles, qui annonçait les pleurs à venir quand Papy Claude allait partir, parce que la retraite sonnait, et qu'elle se demandait bien à qui elle et eux pourraient se confier, et qui, en attendant de trouver le Graal, s'enflammait contre les *Zamours*, une émission de télé, qui avait écrit Vesoul avec un Z !

Buvons à la santé
Des amis et des rires
Que je vais retrouver
Qui vont me revenir
Tant pis si ces seigneurs
Me laissent à terre
Je serai saoul dans une heure
Je serai sans colère

L'Ivrogne

De tous les Vésuliens que j'avais croisés, Claude était sans doute l'un des plus bréliens, même si Brel n'était pas son préféré – Brel ? Un peu BCBG, dit-il, il n'a jamais été avant-gardiste. Seul dans sa boutique, sans aide ni assistance, sans fric ni subventions, Claude tenait tout un monde à bout de bras, contre les peurs ignorantes des voisins et l'indifférence des autres. Il était celui qui ne triche pas, qui était allé voir, et dont l'arrière-salle tenait lieu de refuge à tant de personnes, à défaut de Far West. En un sens, il incarnait cette fraternité que Brel chantait, Claude était la réalité réelle, comme le chanteur avait propulsé la chanson réaliste en chanson réalisable. C'était ça, la force de l'homme et de son lieu : la chaleur. Cette idée qu'au fond du trou, Chez Claude ou ailleurs, peut surgir le regard d'un ami, un soutien venu de loin, *Jef, t'es pas tout seul.*

Lors de ma visite d'adieu, Jean-Marc était assis parmi les joyeux drilles, méconnaissable. Il s'était rasé, avait perdu quelques kilos, et ses papiers, oui, c'était fait, c'est réglé, et s'il descendait bien sa première Kronenbourg du matin, pour se donner du cœur à l'ouvrage, Jean-Marc semblait sauvé – et Trump, dont il savait tout, l'inquiétait au plus haut point.

Au fond, Claude et Chez Claude représentaient ce que j'étais venu trouver à Vesoul Ville : ils étaient la réponse au pourquoi écrire, et où regarder, à comment ne pas croire à la comédie des hommes et y replonger aussi vite, comment foncer et bifurquer ; ils étaient la preuve vivante d'une des déclarations les plus usées de Brel, et l'une des plus belles, même si elle était difficile à croire – et impossible à appliquer. Un de ces aphorismes qui m'avaient forgé depuis le disque bleu, et avec lequel je ne savais jamais trop comment et le prendre et m'y prendre. Une déclaration pétrie de bons sentiments, suspecte donc, au premier abord, mais à laquelle je revenais souvent, comme un guide, une approche, une façon d'être, et de travailler :

★

« Cela peut paraître bizarre, mais je suis parfaitement optimiste.
Je crois que les hommes sont merveilleux.
Il faut peut-être qu'on leur dise. »

Épilogue

Marcel Azzola était venu nous chercher, ma Mathilde et moi, à la gare RER la plus proche. Marcel conduisait sa petite auto comme il jouait sur *Vesoul*, à toute blinde, fou du volant et du clavier. Marcel Azzola, quatre-vingts années d'accordéon, commencées gamin au côté de Fréhel, avant d'être un grand parmi les plus grands, Piaf, Vian, Gréco, Barbara, Montand – lui, Fangio modeste et grandiose. Brûlant les feux rouges, Azzola répétait qu'il n'était qu'un musicien de banlieue, là, quelque part du côté de Poissy, et que s'il ne bouclait jamais sa ceinture de sécurité, c'était par obéissance à son père :

– Il disait : Ne mets jamais la ceinture, ça voulait dire : Ne crève pas de faim, fiston.

Ma Mathilde avait pensé à un petit geste, venu d'une pâtisserie du centre de Paris, toujours debout après trois siècles, on avait choisi des puits d'amour, qui nous semblaient de circonstance, une recette ancienne, délicate, faite de caramel crémeux et de pomme. *Vesoul* n'était que ça, après tout : un amour au puits sans fond, entre chevauchée fantastique et cavalcade sans répit. L'idée de cette *virée avec Brel* avait justement surgi avec elle, deux étés plus tôt, à moto, sur les routes d'Ardèche où je lui inventais des parodies de Brel, hurlant, visage au vent, une main sur le guidon, l'autre dans sa main, seuls au monde.

Marcel se tenait dans son salon, petite silhouette et grand monsieur, face à nous, Anita-Mathilde et moi. Il était posé et exalté en même temps, sortant des photos, des livres à la gloire de la musette, des souvenirs en pagaille, avant de s'exécuter de bonne grâce au jeu du comme si c'était hier. Pour nous narrer *Vesoul*, son *Vesoul*, qu'il appelait *le Vesoul*, tel un monument ou un outil, un astre ou une petite chose. Dans le studio, étaient présents Marcel, François Rauber, Gérard Jouannest, un bassiste, un batteur, l'ami Jojo, et dans son coin, Lenoir à son boulot de photographe (il écrira : « Durant l'enregistrement de *Vesoul*, je me délecte : la complicité entre Brel et l'accordéoniste Marcel Azzola est formidable »).

Marcel s'élança :

– C'était une fin de séance. Il nous restait, allez, six minutes dans le studio… Et quelqu'un attendait dans le couloir pour prendre la suite. À l'époque, il y avait un minutage précis pour les studios. Et qui attendait derrière la porte ? Chet Baker… Brel n'était pas *star* à l'époque, il était vedette. La *star*, elle faisait ce qu'elle voulait. Elle pouvait dire : « Laissez-moi la journée dans le studio, avec les musiciens. On les paiera, on fera ce qu'il faut. » Là, il fallait que Brel termine sa séance comme les autres, il devait libérer le studio. Pour *Vesoul*, on avait vaguement élaboré une intro avec François Rauber. Bon, c'est pas un morceau compliqué. Les accords dans le *Vesoul* c'est… C'est pas compliqué du tout. Même s'il fallait respecter la mélodie, pas compliquée d'accord, mais qui possédait tout de même un débit… un débit assez chargé… Moi, ça m'a fait penser tout de suite à cette chanson d'Ouvrard qui disait : « *J'ai la rate / Qui s'dilate / J'ai le foie / Qu'est pas droit.* » Vous voyez ? Cette espèce de débit rapide – chanson comique. Même si dans le *Vesoul*, le héros engueule sa femme : « *T'as voulu voir Vesoul. T'as voulu voir Vierzon.* » Enfin, bref, vous connaissez le texte, hein ?

★

« Voilà une chanson dont je me suis imposé le style. J'avais remarqué qu'à l'équilibre de mon disque il manquait quelque chose de nerveux. J'ai écrit *Vesoul.* J'avais l'idée de la chanson depuis un bon bout de temps, j'avais la musique et il n'y avait ni Vierzon ni Vesoul. Il y avait le côté victime. "Tu as voulu machin et on a fait machin, tu as voulu… Ben, ça sert à rien." Voilà. Ce n'est ni du Molière ni du Shakespeare, c'est de la chansonnette. »

★

– On a fait une première prise, dans laquelle je ne crois pas que Jacques ait dit : « Chauffe Marcel. » Contrairement à la seconde prise – il a d'ailleurs changé quatre ou cinq phrases dans son texte… C'est là qu'il m'a dit : « Marcel, vas-y, fais-moi beaucoup de notes ! Tu m'enveloppes, vas-y ! » Pour lui, cette valse, ce devait être une valse jazz, il voulait du délire de notes, de la dentelle, beaucoup de dentelle ! Et dans la deuxième prise, il a lancé « Chauffe Marcel ! », et ça a marché… Mais si je m'étais appelé « Chauffe Roger » ou « Chauffe Léon », ça n'aurait peut-être pas marché ? C'est bizarre. Pourtant, je le sais : il ne l'avait pas prémédité. Une fois qu'il a donné son aval pour la deuxième prise, il a dit à celui qui marquait les titres : « On va l'intituler *Azzola Vesoul.* » J'ai dit : « Non, non, Jacques, ne mettez pas Azzola dans le coup. » C'était pas que je veuille pas, je trouvais que c'était pas une bonne idée, que ça pouvait… dévaloriser la chanson. C'était peut-être bête de ma part ? Mais cette chanson, comment vous dire ? J'en suis tellement ravi… Heureusement qu'il y a eu ça. Sinon, on ne saurait même pas que j'existe ! Ben oui, allez savoir… J'ai beau faire une belle carrière, faire des tas de choses, des tas de séances d'enregistrement, avec les uns et les autres, les gens ne le savent pas. Faut sortir des disques et dire : « Voyez, je suis marqué là-dessus. » Je fais pas ça, moi.

★

« J'estime, à tort ou à raison, qu'il y a plus d'ambiance, quand ça se fait tous ensemble, les musiciens et le monsieur qui chante. Enregistrer, c'est fatigant nerveusement. Un tour de chant, c'est un enfant mort-né, après c'est fini. Un disque, c'est un vrai môme et il vous le reproche toute sa vie. »

★

Tout ce que Marcel racontait correspondait trait pour trait aux images prises sur le vif – miracle – lors de l'enregistrement de la chanson (daté, selon les sources, du 23 septembre 1968 ou de début octobre 1968). Une vidéo noir et blanc où l'on entrevoit un monde dingue, tout est en direct, comme Brel l'affectionnait – pas de *playback*, pas de *re-recording*, de l'instantané, du punk.

Brel, col roulé, cheveux mi-longs, commence par répéter à la guitare, sur une petite chaise de rien, un enfant rêvasse, une femme passe dans le champ, lui sirote un Coca, puis s'élance, partition et feuillets sur un pupitre, Brel qui dit : Je ne sais pas comment je vais la faire, et ensuite on le voit en cabine, il bat la mesure, il s'imite, il semble crier.

C'est alors que Marcel se leva et, d'un pas alerte, proposa de passer dans sa chambre et sa collection d'accordéons en revue. Sous vitrine, derrière un lit-armoire, une rangée de placards coulissants, toute une vie de notes envolées, de boutons nacrés, de bretelles en cuir, et d'accordéons qui expirent comme dans *Amsterdam*.

Azzola avait une histoire par instrument. Celui-ci, offert par un chauffeur de taxi, était mon préféré : il résumait ma vie, il avait servi à une scène du film *La Grande Escroquerie du rock'n'roll*, où Azzola, à la terrasse des Deux Magots, était bras dessus, bras dessous avec le Sex Pistols Sid Vicious. Ce bandonéon avait accompagné Montand ; cet Hercules, Gilbert Bécaud ; et celui-ci, c'était le *Jaurès* de Brel.

Je guettais ma Mathilde, accordéoniste mystérieuse, dont je n'avais jamais entendu la moindre note. C'était devenu un jeu entre nous, entre son exigence – elle attendait le bon moment – et mon impatience – qui ne voulait rien savoir. Son accordéon qu'on trimballait, de Montréal à Paris, de Paris à Bienne, était notre *Vesoul* secret, un crescendo modeste, un *maintenant* sans cesse renouvelé.

Au détour d'un placard, Azzola lâcha enfin un petit cri de bonheur. C'était un cadeau, immense, pour nous tous, à chacun d'en défaire le nœud.

– L'accordéon de *Vesoul* ! C'est celui-là ! Le blanc ! Vous voulez que je le sorte ? Un Cavagnolo… Fabriqué à Lyon. Pas trop lourd pour la danse, on pouvait le jouer debout, pour faire des bals. Un accordéon qui sonnait bien. Un chromatique.

Puis Azzola se tourna vers ma Mathilde, *Vesoul* à elle seule, modeste et virevoltante. Il lui proposa de jouer sur son Cavagnolo.

En posant son accordéon qui semblait soudain avoir pris dix kilos, Marcel ajouta :

– Brel, c'était un type assez exceptionnel, un type étonnant de… de vérité. Il était vrai, ce mec-là. Même quand on ne se disait rien, on était bien. Moi… j'aurais aimé lui ressembler.

Et on resta là, tous les trois, en silence, salement émus – *Bon an mal an, on ne vit qu'une heure.*

Sources

Livres

Dominique Arban, *Cent Pages avec Jacques Brel*, Seghers, 1967.

Dominique Arban, Pierre Barlatier, *Jacques Brel. Un homme au large de l'espoir*, Les Presses françaises, 1982.

Marcel Azzola, *Chauffe Marcel*, L'Archipel, 2006.

Maddly Bamy, *Tu leur diras*, Fixot, 1999.

Eddie Barclay, *Que la fête continue*, Robert Laffont/Cogite, 1988.

Jacques Barlatier, *Jacques Brel*, Solar, 1978.

Bernard Belin, *Jacques Brel. T'as voulu voir Vesoul*, FC Culture & Patrimoine/Vesoul Éditions, 2013.

Pierre Berruer, *Jacques Brel va bien. Il dort aux Marquises*, Presses de la Cité, 1983.

Laurent Bibard, *Penser avec Brel*, L'Harmattan, 2016.

Brel par Jacques, quatre volumes, Éditions Jacques Brel, sans date.

France Brel, *Jacques Brel auteur*, Fondation Jacques Brel, 2018.

France Brel, *Jacques Brel chanteur*, Fondation Jacques Brel, 2018.

France Brel et Andrée Sallée, *Brel*, Solar, 1992.

Angela Clouzet, *Gérard Jouannest de Brel à Gréco*, Albin Michel, 2009.

Angela Clouzet et Jean Clouzet, *Jacques Brel*, Seghers, 2003.

Jean Clouzet, *Jacques Brel*, Pierre Seghers Éditeur, « Poètes d'aujourd'hui », 1967.

Carlos, *Ma boîte à souvenirs*, Éditions du Rocher, 2008.

Olivier Delavault et Guy Floriant, *Jacques Brel l'inaccessible étoile*, Éditions du Rocher, 1998.
François Gorin, *Jacques Brel*, Librio, 2002.
Gros & Delettrez & Voutier, *Catalogue de ventes Jacques Brel*, Drouot, 3 juin 2013.
Jean Jaque, *Jacques Brel une vie, une légende*, Éditions Delville, 1978.
Jean-Pierre Leloir, *Brel par Leloir*, Fetjaine, 2008.
Jean-Pierre Leloir et Éric Zimmermann, *Jacques Brel le rêve en partage*, Éditions Didier Carpentier, 1998.
Martin Monestier, *Brel le livre du souvenir*, Chou, 1979.
Joëlle Monserrat, *Jacques Brel*, PAC, 1982.
Pascal Petiot, *Jacques Brel lieux et parcours*, Sand, 2014.
Christian Rénet, *Vesoul, hauteur de vues*, Les Patrimoines, 2018.
Marc Robine, *Grand Jacques. Le roman de Jacques Brel*, Chorus, Anne Carrière, 1998.
Paul-Robert Thomas, *Jacques Brel. J'attends la nuit*, Le Cherche Midi, 2002.
Olivier Todd, *Jacques Brel, une vie*, Robert Laffont, 1984.
Pol Vandromme, *Jacques Brel. L'exil du Far West*, Éditions Labor, 1977.
Jacques Vassal, *Jacques Brel. Vivre debout*, Éditions Hors Collection, 2003.

PRESSE

Dimanche Presse, 25 octobre 1964.
« Il ne manque plus qu'une signature au livre d'or de La Bonne Auberge », *L'Est républicain*, article non daté, probablement 1970.
Ici Paris, *Jacques Brel*, numéro hors série, 1978.
André Moissé, « Jacques Brel avait voulu voir Vesoul, il en a fait une chanson universelle », *L'Est républicain*, 10 octobre 1978.
Marc Levy, « Johnny, on the road again », *Paris Match*, 21 avril 2012.

BROCHURES MUNICIPALES

Vesoul Réalisations 1953-1959. Plaquette de la mairie de Vesoul (2015).

TÉLÉ ET RADIO

Rendez-vous avec Jacques Brel, RDF/RTF, INA, 18 juin 1957
Rendez-vous avec Jacques Brel, RDF/RTF, INA, 17 septembre 1960
Rendez-vous avec Jacques Brel, RDF/RTF, INA, 1er juillet 1963
Rencontre avec Jacques Brel, INA, 10 février 1964
Sept Jours du monde, INA, 16 octobre 1964
Chambre noire : Jean-Pierre Leloir, INA, 12 décembre 1964
Lorraine soir, INA, 11 mars 1965
Jacques Brel, entretien avec Geneviève de Vilmorin, au micro d'Emmanuel Poulet, RTL, 1966
Entretiens avec Brel, INA, 17 octobre 1966
Palmarès des chansons, INA, 10 novembre 1966
Jacques Brel, entretiens avec Dominique Arban, France Culture, INA, 11, 16 et 23 juillet 1967
Le Chanteur Jacques Brel en interview, INA, 4 août 1967
Le Temps des loisirs, RTF/ORTF, INA, 28 octobre 1967
Bibliothèque de poche, entretien avec Michel Polac, INA, 17 janvier 1968
Jacques Brel sur Europe 1, 28 avril 1968
Jacques Brel chante Vesoul, Franche-Comté actualités, INA, 14 décembre 1968
Jacques Brel, interview de Claude Santelli, INA, 24 décembre 1968
« Toute sa vie, l'homme rêve de foutre le camp », Interview par Henry Lemaire, filmée par Marc Lobet, à Knokke-le-Zoute, RTBF, printemps 1971
Bal du 13 juillet à la Bastille, RTF/ORTF, INA, 1971
Le Grand Échiquier, INA, 9 mai 1973
Radioscopie, avec Jacques Chancel, France Inter, INA, 21 mai 1973

Pour le cinéma, entretien avec Édouard Molinaro, INA, 6 juillet 1973

Jacques Brel, Ne nous quitte pas, JT 13 h, INA, 9 février 1974

20 h Actualités, Roger Gicquel, TF1, INA, 9 octobre 1978

Nous les artistes : Jacques Brel, Catherine Dupuis, TF1, INA, 12 octobre 1979

Jacques Brel, France Culture, INA, 9 septembre 1984

Jacques Brel, Les Greniers de la mémoire, France Musique, INA, 29 juin 1997

« Le Festival international des cinémas d'Asie », *Le Billet de Daniel Morin*, France Inter, 6 février 2018

CHANSONS

Ne me quitte pas. Auteur-compositeur : Jacques Brel.
© Warner Chappell Music France, 1959.
© Éditions Jacques Brel, Bruxelles, 1959.

Knokke-le-Zoute Tango. Auteur-compositeur : Jacques Brel.
© Éditions Jacques Brel, 1977.

Madeleine. Auteur : Jacques Brel. Compositeurs : Jacques Brel, Jean Corti et Gérard Jouannest.
© Éditions Jacques Brel (pour la Belgique et les Pays-Bas), 1962.
© Universal Music Publishing France (pour le reste du monde), 1962.

Le Plat Pays. Auteur-compositeur : Jacques Brel.
© Éditions Jacques Brel (pour la Belgique et les Pays-Bas), 1962.
© Éditions musicales Eddie Barclay, 1962.
© Assigned 1964 to SEMI et éditions PATRICIA (pour le reste du monde).

Fernand. Auteur : Jacques Brel. Compositeurs : Jacques Brel et Gérard Jouannest.
© Éditions Jacques Brel, 1965.

Il peut pleuvoir. Auteur : Jacques Brel. Compositeurs : Jacques Brel et Glen Powell.
© Éditions Jacques Brel, 1953.

Il pleut. Auteur : Jacques Brel. Compositeurs : Jacques Brel et Steve Kirk.
© Éditions Jacques Brel, 1954.

Je ne sais pas. Auteur-compositeur : Jacques Brel.
© Universal MCA Music Publishing, Éditions Jacques Brel, 1958.

Orly. Auteur-compositeur : Jacques Brel.
© Éditions Jacques Brel, 1977.

Jef. Auteur-compositeur : Jacques Brel.
© Éditions Jacques Brel, 1965.

Mathilde. Auteur : Jacques Brel. Compositeur : Gérard Jouannest.
© Éditions Jacques Brel, 1965.

La ville s'endormait. Auteur-compositeur : Jacques Brel.
© Éditions Jacques Brel, 1977.

Vivre debout. Auteur : Jacques Brel. Compositeur : François Rauber.
© Éditions Jacques Brel, 1961.

Les Vieux. Auteur : Jacques Brel. Compositeurs : Jacques Brel, Jean Corti et Gérard Jouannest.
© Éditions Jacques Brel, 1965.

Vieillir. Auteur : Jacques Brel. Compositeurs : Jacques Brel et Gérard Jouannest.
© Éditions Jacques Brel, hors parts Jouannest, 1977.

La Chanson de Jacky. Auteur : Jacques Brel. Compositeur : Gérard Jouannest.
© Éditions Jacques Brel, 1965.

La Chanson de Van Horst. Auteur : Jacques Brel. Compositeurs : Jacques Brel et Gérard Jouannest.
© Éditions Jacques Brel, 1972.
© Éditions Hortensia, Paris.

Jojo. Auteur-compositeur : Jacques Brel.
© Éditions Jacques Brel, 1977.

L'Âge idiot. Auteur-compositeur : Jacques Brel.
© Éditions Jacques Brel, 1965.

Les Bonbons 67. Auteur-compositeur : Jacques Brel.
© Éditions Jacques Brel, 1965.

Amsterdam. Auteur-compositeur : Jacques Brel.
© Éditions Jacques Brel, 1965.

L'Ivrogne. Auteur : Jacques Brel. Compositeurs : Gérard Jouannest et François Rauber.
© Warner Chappell Music France, Éditions Jacques Brel, 1961.

Les Bourgeois. Auteur : Jacques Brel. Compositeur : Jean Corti.
© Éditions et Productions Sidonie/Éditions Jacques Brel, 1962.

Vesoul. Auteur-compositeur : Jacques Brel.
© Éditions Jacques Brel, 1968.

Le Moribond. Auteur-compositeur : Jacques Brel.
© Éditions Jacques Brel, 1961.
© Warner Chappell Music France, 1961.

Avec élégance. Auteur : Jacques Brel. Compositeurs : Jacques Brel et François Rauber.

La Statue. Auteur : Jacques Brel. Compositeurs : Jacques Brel et François Rauber.

La Foire. Auteur : Jacques Brel. Compositeur : Jacques Brel et Lou Logist.

Les Désespérés. Auteur : Jacques Brel. Compositeur : Gérard Jouannest.

La Chanson des vieux amants. Auteur : Jacques Brel. Compositeurs : Jacques Brel et Gérard Jouannest.

Au suivant. Auteur-compositeur : Jacques Brel.

Pourquoi faut-il que les hommes s'ennuient ? Auteur-compositeur : Jacques Brel.

La Fanette. Auteur-compositeur : Jacques Brel.

Les Jardins du casino. Auteur : Jacques Brel. Compositeurs : Jacques Brel et Gérard Jouannest.

La Bière. Auteur-compositeur : Jacques Brel.
© Éditions Jacques Brel, 1968.

Les Paumés du petit matin. Auteur : Jacques Brel. Compositeur : François Rauber.
© Les Nouvelles Éditions Méridian (SEMI-Peer), 1962.

On n'oublie rien. Auteur : Jacques Brel. Compositeur : Gérard Jouannest.
© Éditions Jacques Brel, 1961.
© Warner Chappell Music France, 1961.

Le Gaz. Auteur : Jacques Brel. Compositeur : Gérard Jouannest.
© Éditions Jacques Brel, 1967.

Les Fenêtres. Auteur-compositeur : Jacques Brel. Compositeur : Gérard Jouannest.
© Éditions Jacques Brel, 1963.

La Mort. Auteur-compositeur : Jacques Brel.
© Éditions Jacques Brel, 1962.

La Colombe. Auteur-compositeur : Jacques Brel.
© Éditions Jacques Brel, 1960.
© Warner Chappell Music France, 1960.

Le Dernier Repas. Auteur-compositeur : Jacques Brel.
© Éditions Jacques Brel, 1965.

Les Prénoms de Paris. Auteur : Jacques Brel. Compositeur : Gérard Jouannest.
© Productions musicales Alléluia Gérard Meys, 1961.

Le Bon Dieu. Auteur-compositeur : Jacques Brel.
© Éditions Jacques Brel, 1977.

Je suis un soir d'été. Auteur-compositeur : Jacques Brel.
© Éditions Jacques Brel, 1968.

Les Bigotes. Auteur-compositeur : Jacques Brel.
© Éditions Jacques Brel, 1964.

Clara. Auteur-compositeur : Jacques Brel.
© Productions Gérard Meys, 1961.

Le Cheval. Auteur : Jacques Brel. Compositeur : Gérard Jouannest.
© Éditions Jacques Brel, 1967.

J'arrive. Auteur-compositeur : Jacques Brel. Compositeur : Gérard Jouannest.
© Éditions Jacques Brel, 1968.

Les Filles et les Chiens. Auteur : Jacques Brel. Compositeur : Gérard Jouannest.
© Éditions Jacques Brel, 1962.

Les Biches. Auteur : Jacques Brel. Compositeur : Gérard Jouannest.
© Éditions Jacques Brel, 1962.

Les Marquises. Auteur-compositeur : Jacques Brel.
© Éditions Jacques Brel, 1977.

Seul. Auteur-compositeur : Jacques Brel.
© Warner Chappell Music France, Éditions Jacques Brel, 1959.

La Haine. Auteur-compositeur : Jacques Brel.
© Éditions Jacques Brel, Universal MCA Music Publishing, 1954.

Le Prochain Amour. Auteur-compositeur : Jacques Brel.
Compositeur : Gérard Jouannest.
© Éditions Jacques Brel, 1961.
© Warner Chappell Music France, 1961.

Mon enfance. Auteur-compositeur : Jacques Brel.
© Éditions Jacques Brel, 1967.

Un enfant. Auteur-compositeur : Jacques Brel. Compositeur : Gérard Jouannest.
© Sidonie (EMI-Sony/ATV), 1965.

Regarde bien, petit. Auteur-compositeur : Jacques Brel.
© Éditions Jacques Brel, 1968.

Fils de... Auteur : Jacques Brel. Compositeur : Gérard Jouannest.
© Éditions Jacques Brel, 1967.

L'Enfance. Auteur-compositeur : Jacques Brel.
© Éditions Jacques Brel, 1973.

Quand maman reviendra. Auteur : Jacques Brel. Compositeur : François Rauber.
© Éditions Jacques Brel, 1962.

Rosa. Auteur-compositeur : Jacques Brel.
© Éditions Jacques Brel (pour la Belgique, les Pays-Bas et l'Allemagne), 1962.
© Productions Gérard Meys (pour le reste du monde), 1962.

Les Bonbons (1964). Auteur-compositeur : Jacques Brel.
© Éditions Jacques Brel, 1965.

Le Tango funèbre. Auteur : Jacques Brel. Compositeur : Gérard Jouannest.
© Éditions Jacques Brel, 1965.

Zangra. Auteur-compositeur : Jacques Brel.
© Éditions Jacques Brel (pour la Belgique et les Pays-Bas), 1962.
© Éditions musicales Eddie Barclay, 1962.
© SEMI Société, 1964.
© Patricia Éditions musicales, 1964.

L'Homme dans la cité. Auteur : Jacques Brel. Compositeur : François Rauber.
© Universal Music Publishing Group, 1958.

La Parlote. Auteur : Jacques Brel. Compositeurs : Jacques Brel et Gérard Jouannest.
© Éditions Jacques Brel, 1964.

Le Caporal casse-pompon. Auteur-compositeur : Jacques Brel.
© Éditions Jacques Brel (pour la Belgique et les Pays-Bas), 1962.
© Éditions musicales Eddie Barclay, 1962.
© SEMI Société (pour le reste du monde), 1964.
© Patricia Éditions musicales (pour le reste de monde), 1964.

L'Ostendaise. Auteur-compositeur : Jacques Brel. Compositeur : François Rauber.
© Éditions Jacques Brel, 1968.

Le Troubadour. Auteur-compositeur : Jacques Brel.
© Éditions Jacques Brel, 1963.

Du même auteur

BIBLIOGRAPHIE

New Moon, café de nuit joyeux
Seuil, 2017

Tarnac, magasin général
prix des Assises du journalisme
Calmann-Lévy, 2012

Maintien de l'ordre
Enquête
Hachette Littératures, 2007

avec René-Jean Bouyer
Ils ont filmé la guerre en couleurs
Bayard, 2003

Toute sortie est définitive
Loft Story Autopsie
Bayard, 2002

avec Laurent Latrive
Pirates et Flics du Net
Seuil, 2000

Sur le quai
La vie dans le métro parisien
Arléa-Corlet, 1996

Yo ! Révolution Rap
Ramsay, 1991

OUVRAGES COLLECTIFS

Cobain on Cobain
Chicago Press Review, 2016

Paris New Moon Paris
de Raphaël Rinaldi
Castor Astral, 2015

avec Naomie Klein, Nancy Houston
et Mélina Laboucan-Massimo
Brut, la ruée vers l'or noir
Lux éditeur, 2015

avec Philippe Brault et Sébastien Brothier
Prison Valley
Democratic Books-Arte Éditions, 2010.

collectif
Big Brother Awards
Les surveillants surveillés
Zones, 2009

Encore une nuit à Paris
L'Harmattan, 1997

Collectif
Noms d'une France
Le Rouergue, 1995

FILMOGRAPHIE

Le Pigalle
film documentaire Temps Noir/Résistance Films/Arte, 2018

Fort McMoney. Votez Jim Rogers !
film documentaire TOXA/ONF/Arte, 2013

avec Philippe Brault
Prison Valley. L'industrie de la prison
2010

avec Christophe Bouquet
Quand la France s'embrase
Enquête sur le maintien de l'ordre
Yami 2/France 2, 2007

WEBOGRAPHIE

L'Infiltré
Narrative Boutique/Grand Garage/Akuken, 2017

avec Patrick Oberli
Hors Jeu
Upian, ARTE et BR, 2016

avec Anita Hugi
Dada-Data
AKFN/Arte/SSR SRG, 2016
Grimme Online Award, catégorie Culture (Allemagne)
Lovie Awards, Meilleur Design (Angleterre)

Fort McMoney
Toxa, Arte, ONF, 2014
Meilleure production interactive pour médias digitaux
Canadian Screen Awards (Canada)
Mention spéciale du jury Visa d'Or (France)

avec Philippe Brault
Prison Valley
L'industrie de la prison
Upian/Arte, 2010
Meilleur multimédia non linéaire au World Press Photo 2011
Prix du webdocumentaire 2010 à Visa pour l'image (France)

Site personnel : www.davduf.net
Courriel : dufresne@davduf.net

RÉALISATION : IGS-CP À L'ISLE-D'ESPAGNAC
IMPRESSION : LABALLERY À CLAMECY
DÉPÔT LÉGAL : SEPTEMBRE 2018. N° 136450-2 (N153948)
IMPRIMÉ EN FRANCE